La meilleure façon d'apprendre..

MÉTHODE DE COULEUR

ATLAS

3 FOIS X 3 FOIS

Livre de pratique

INDICE

Livre de pratique

Avantage

1-LES GARÇONS APPRENNENT EN DESSIN.

2-ILS APPRENDRONT DANS QUELQUES JOURS

3- ILS UTILISERONT UNE MÉTHODE INTÉRESSANTE

4- PRATIQUE

5- REPRÉSENTE UNE GRANDE AIDE AUX PARENTS

6- LES GARÇONS SERONT OCCUPÉS À APPRENDRE

7- LA VERSION NUMÉRIQUE PEUT ÊTRE IMPRIMÉE PARFAITEMENT SUR N'IMPORTE QUELLE IMPRIMANTE

8- LES IMAGES ONT ÉTÉ RÉALISÉES À L'AIDE DES PROGRAMMES SUIVANTS: GIMP AUTODESK, PAINT, WORD, COREL, SNAPPA, MEDIBANG PAINT PRO Y KRITA PROGRAMS

100 pages to learn to multiply enjoying and drawing

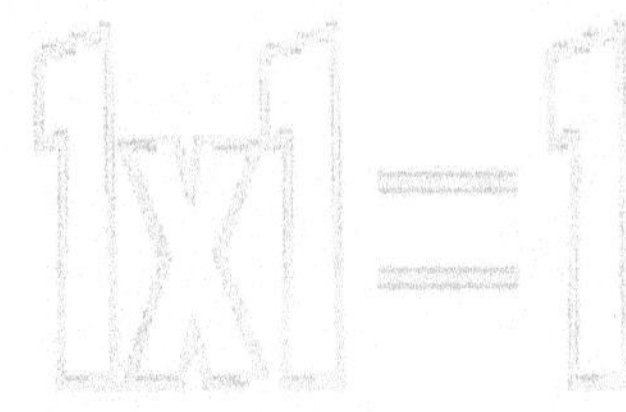

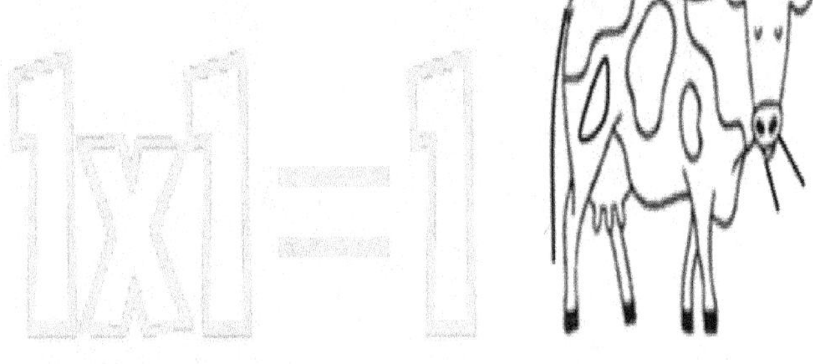

100 pages to learn to multiply enjoying and drawing

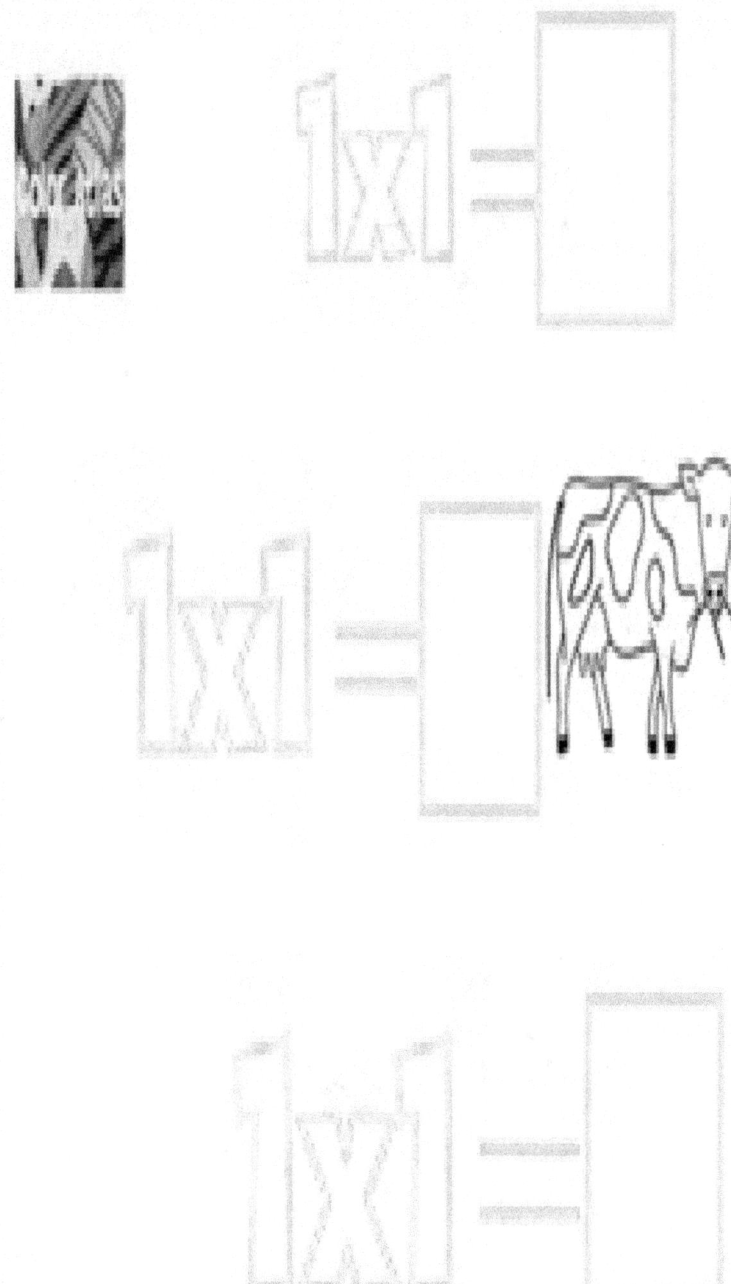

1x2=2

1x2=2

1x2=2

$$1 \times 2 = \boxed{}$$

$$1 \times 2 = \boxed{}$$

$$1 \times 2 = \boxed{}$$

[illegible]

$$1 \times 3 = 3$$

$$1 \times 3 = 3$$

$$1 \times 3 = 3$$

100 math: 10 learn 10 multiply enjoying and loving

1x3 =

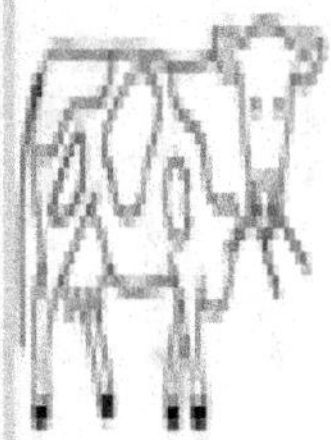

1x3 =

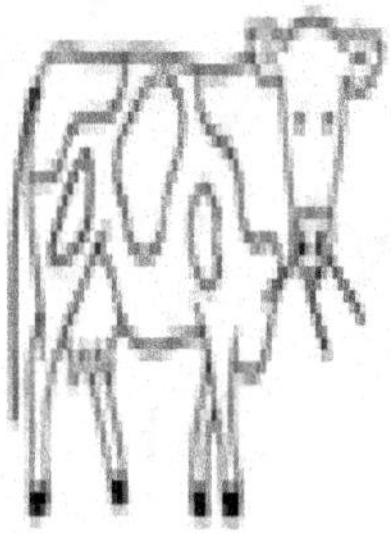

1x3 =

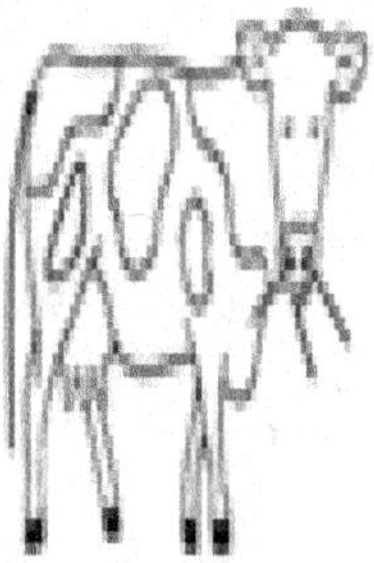

$$1 \times 4 = 4$$

$$1 \times 4 = 4$$

$$1 \times 4 = 4$$

100 math: 10 learn 10 multiply enjoyment and drawing

1x4=

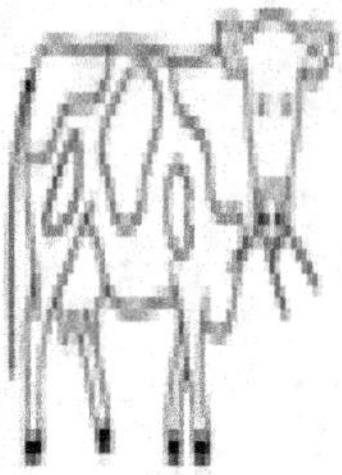

1x4=

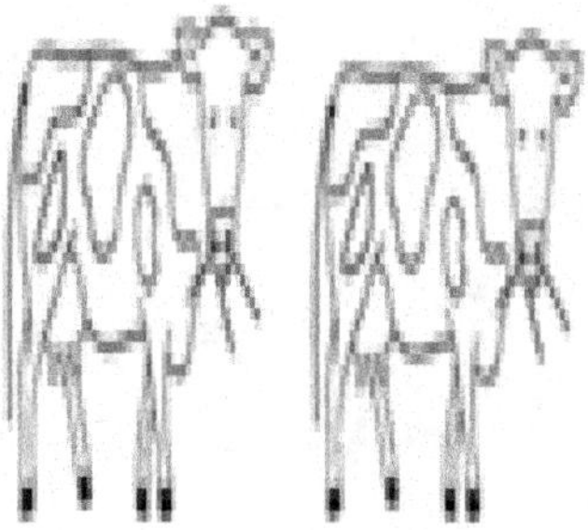

1x4=

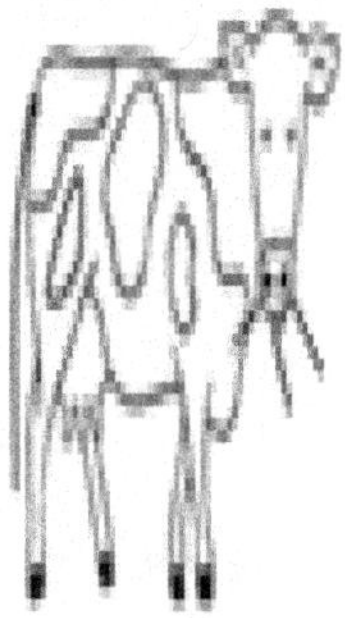

$$1 \times 5 = 5$$

$$1 \times 5 = 5$$

$$1 \times 5 = 5$$

1 x 5 =

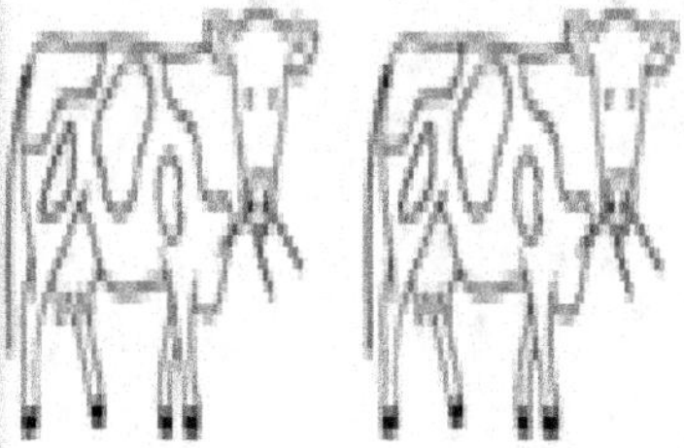

1 x 5 =

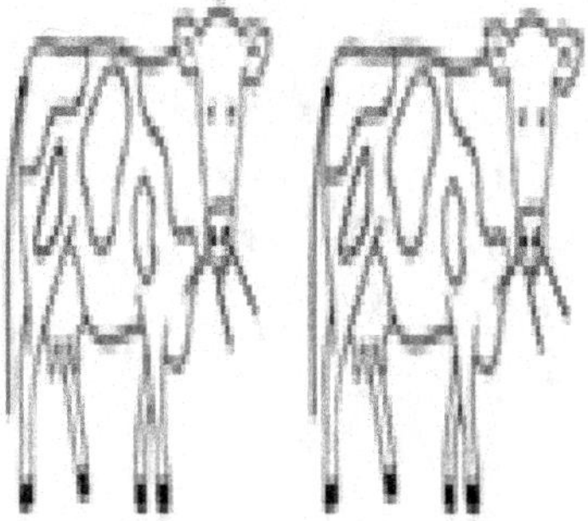

1 x 5 =

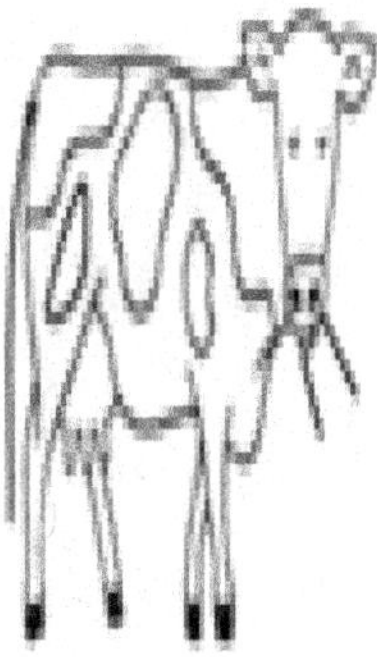

1x6=6

1x6=6

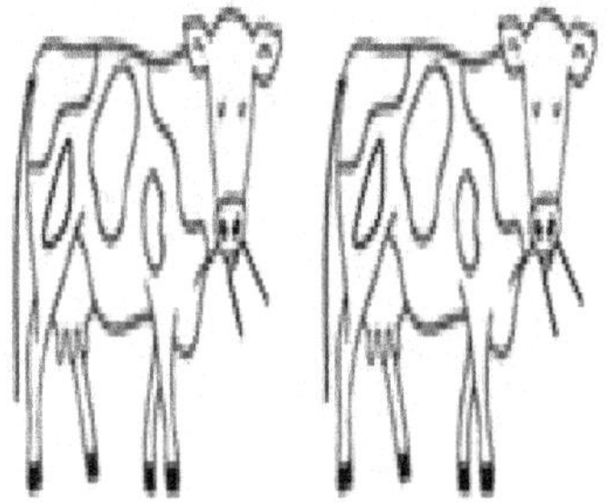

1x6=6

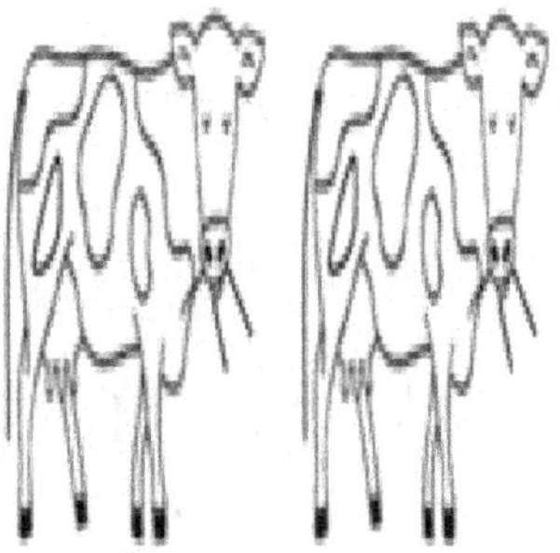

100 mdg: 10 learn 10 multiply enjoying and drawing

1x6 =

1x6 =

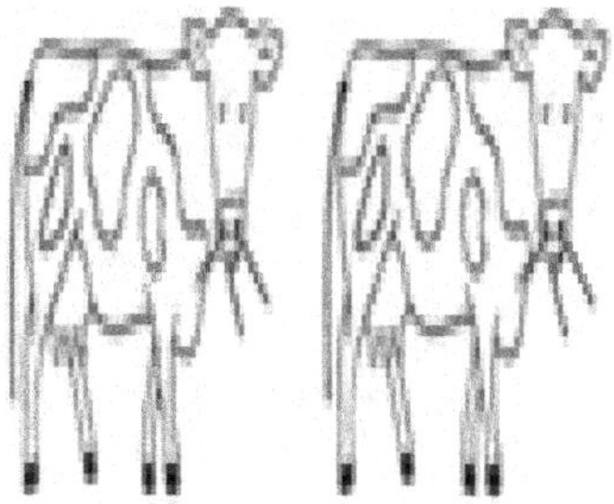

1x6 =

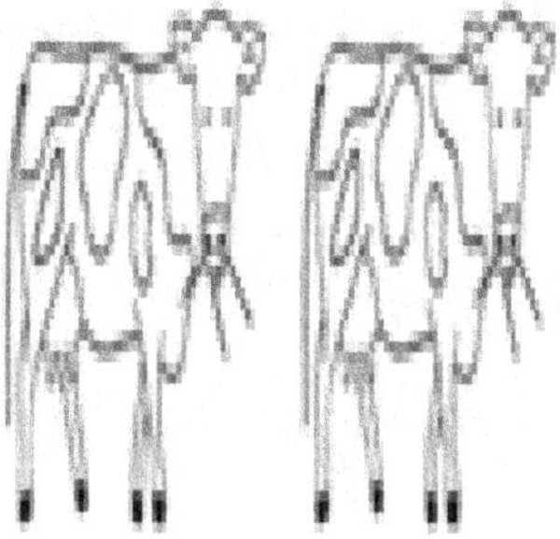

1x7 = 7

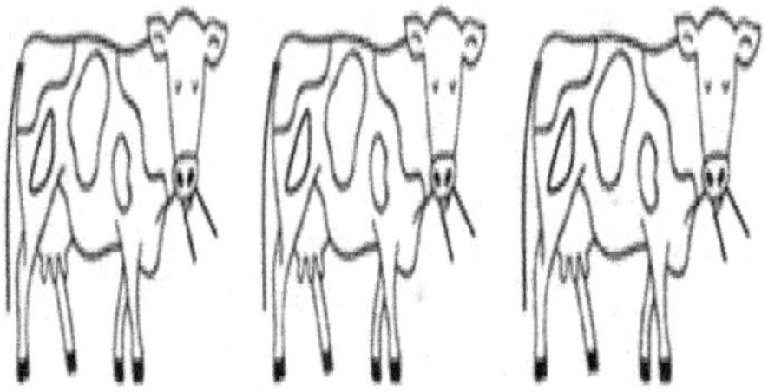

1x7 = 7

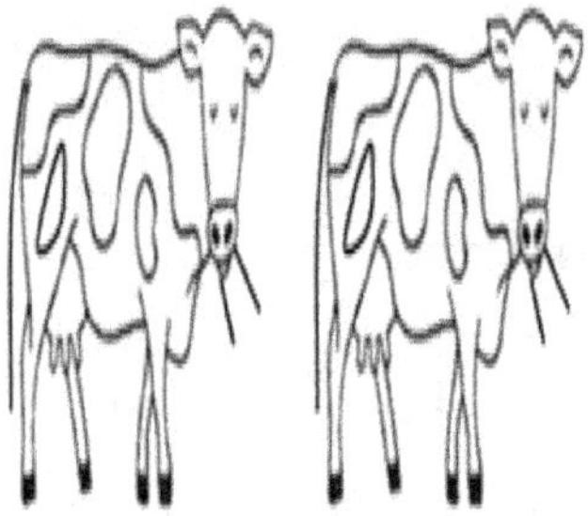

1x7 = 7

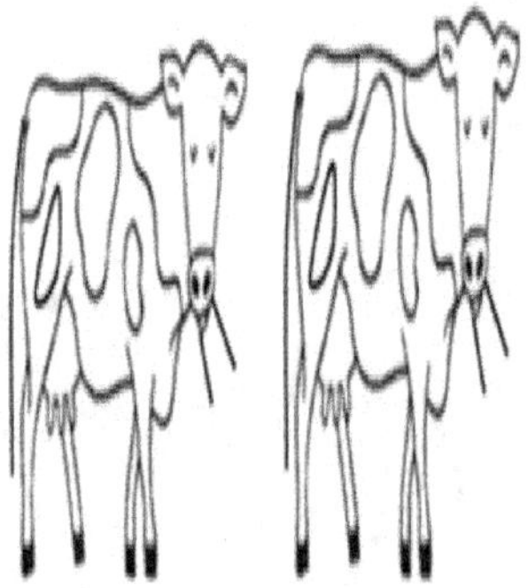

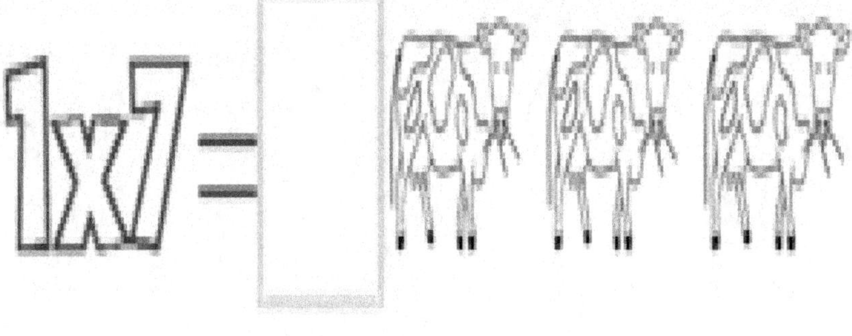

1x7 =

1x7 =

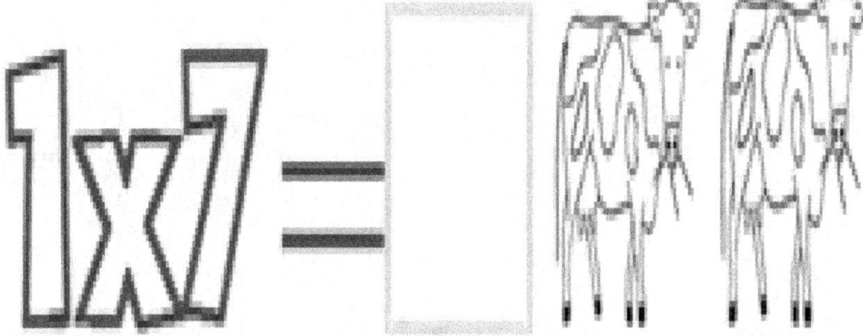

1x7 =

1x8 = 8

1x8 = 8

1x8 = 8

CALIFICATION: POINTS

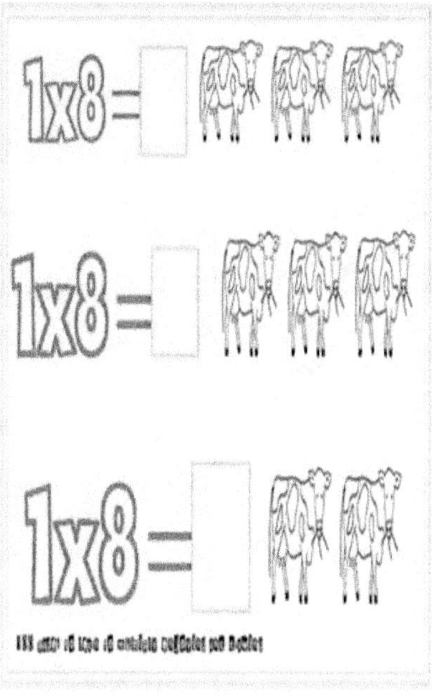

1x9=9

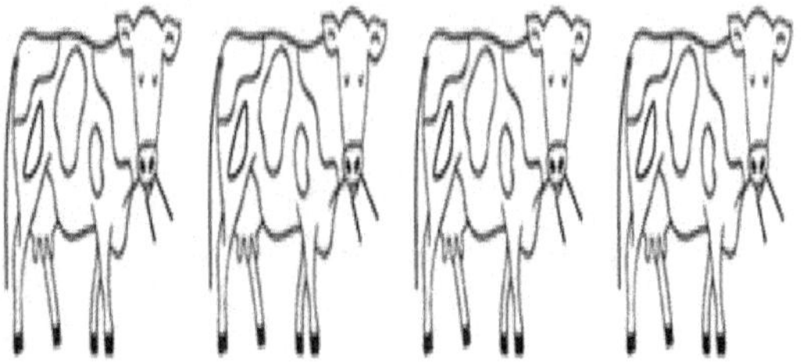

1x9=9

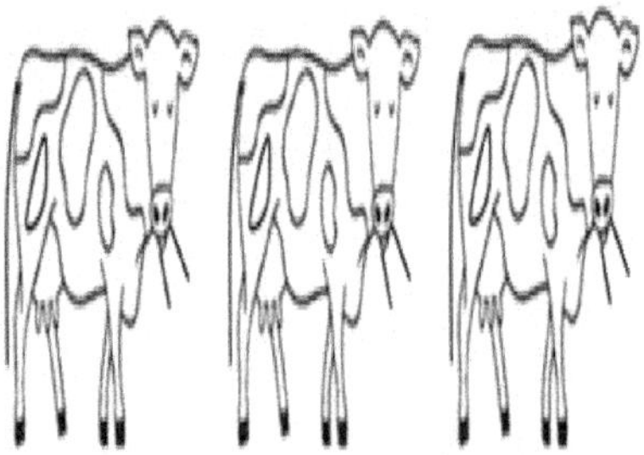

1x9=9

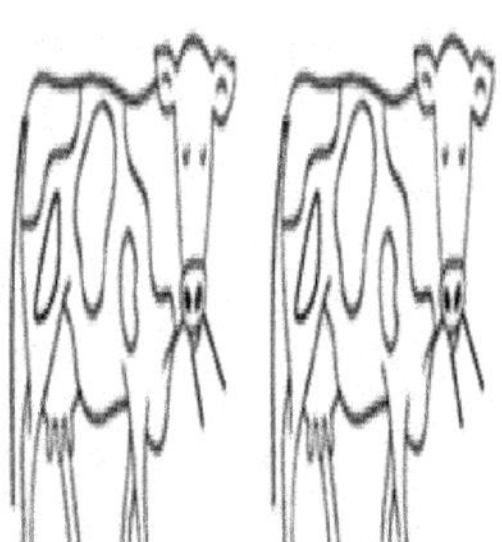

1x9 =

1x9 =

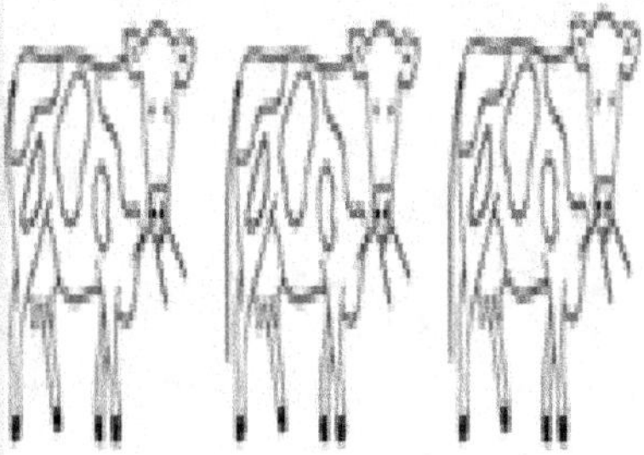

1x9 =

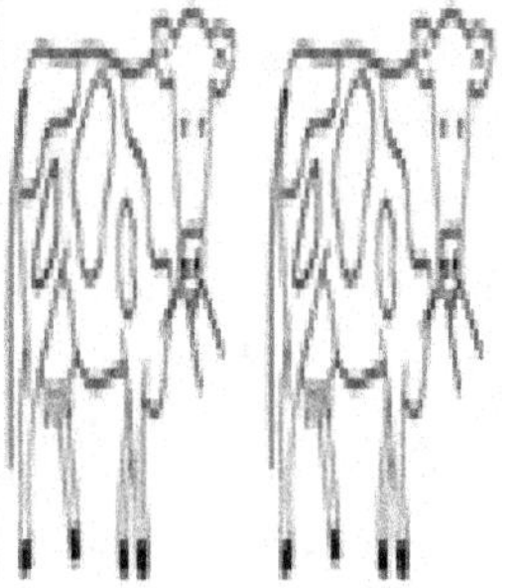

1x10=10

1x10=10

1x10=10

1x10 =

1x10 =

1x10 =

100 pages to learn to multiply enjoying and drawing

$$2 \times 1 = 2$$

$$2 \times 1 = 2$$

$$2 \times 1 = 2$$

2 x 1 =

2 x 1 =

2 x 1 =

2x2=4

2x2=4

2x2=4

100 pages to learn to multiply enjoying and drawing

2x2 =

2x2 =

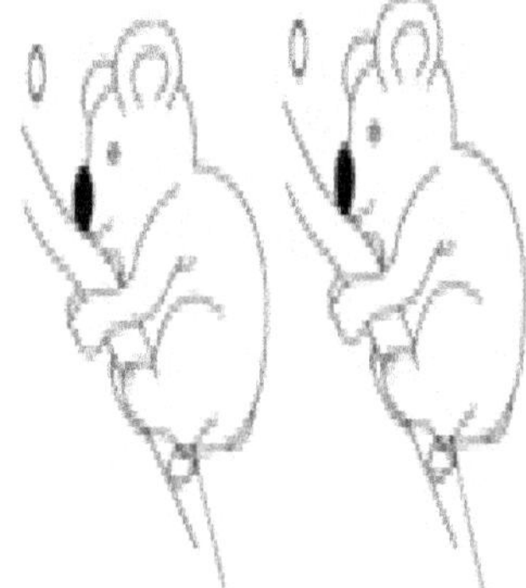

2x2 =

[illegible]

2x3 = 6

2x3 = 6

2x3 = 6

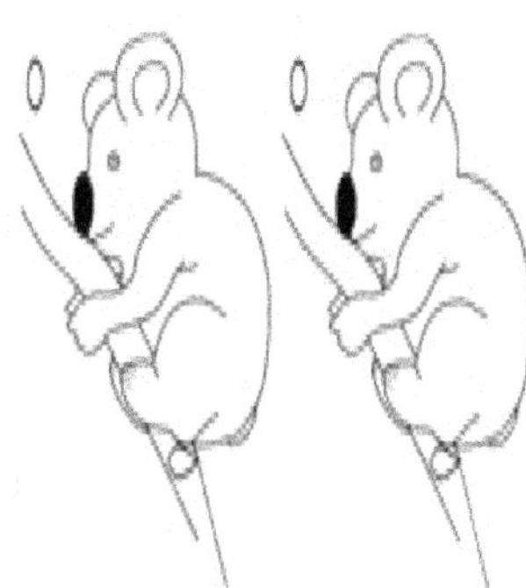

$2 \times 3 =$ ☐

$2 \times 3 =$ ☐

$2 \times 3 =$ ☐

$$2 \times 4 = 8$$

$$2 \times 4 = 8$$

$$2 \times 4 = 8$$

$2 \times 4 =$

$2 \times 4 =$

$2 \times 4 =$

2x5=10

2x5=10

2x5=10

100 pages to learn to multiply enjoying and drawing

2x5 =

2x5 =

2x5 =

2x6 = 12

2x6 = 12

2x6 = 12

100 pages to learn to multiply enjoying and drawing

2x6 =

2x6 =

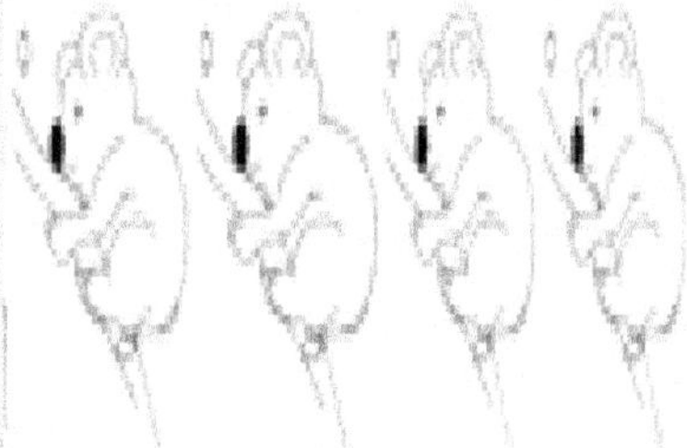

2x6 =

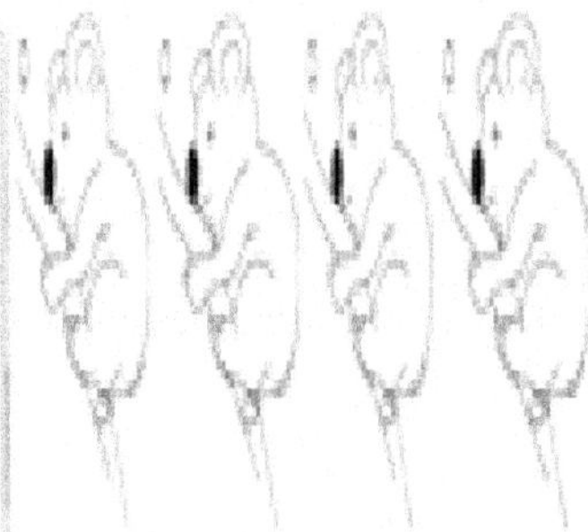

2x7 = 14

2x7 = 14

2x7 = 14

$2 \times 7 = \square$

$2 \times 7 = \square$

$2 \times 7 = \square$

[illegible]

2x8 = 16

2x8 = 16

16

2x8 = 16

2 x 8 =

2 x 8 =

2 x 8 =

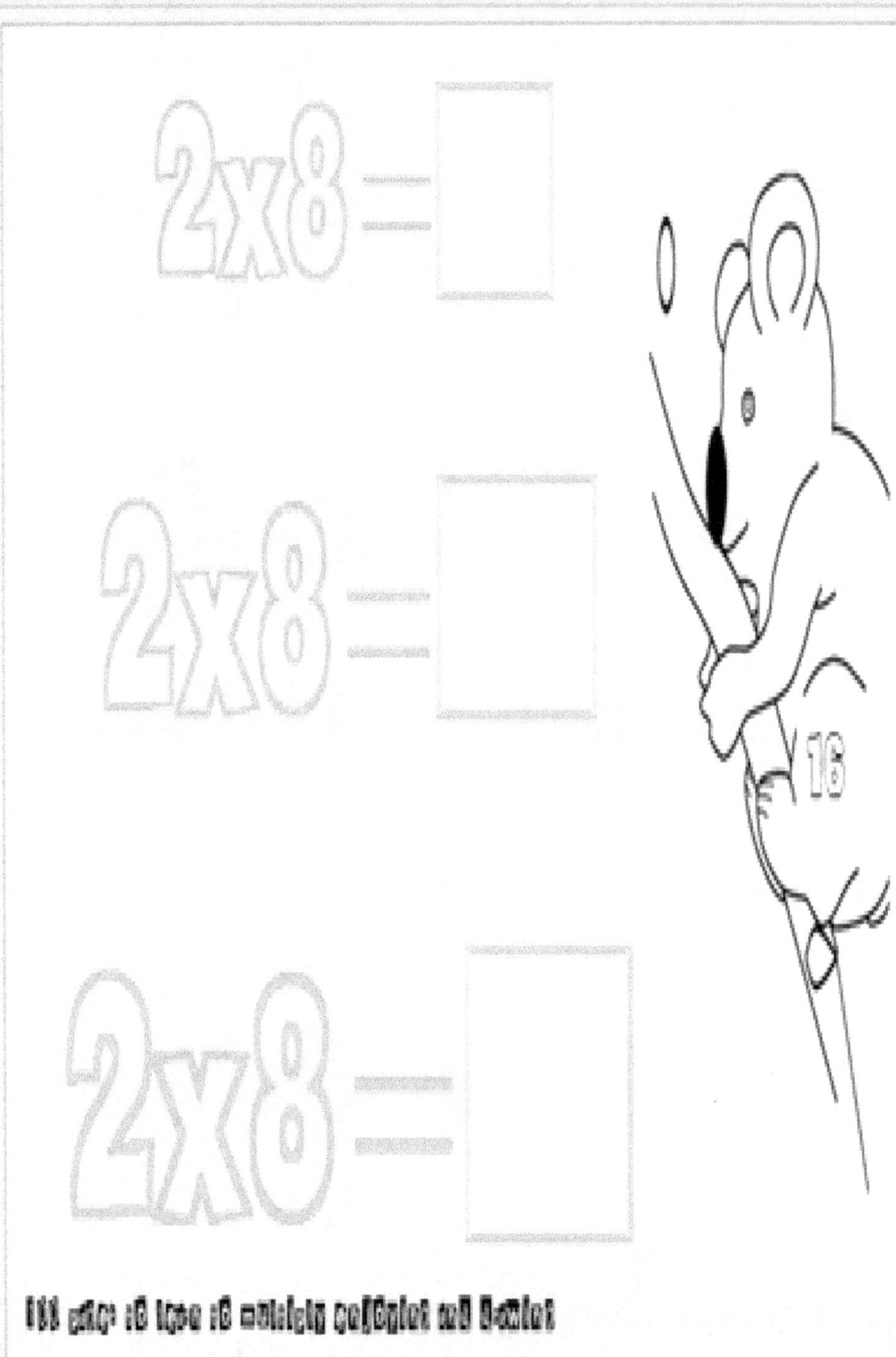

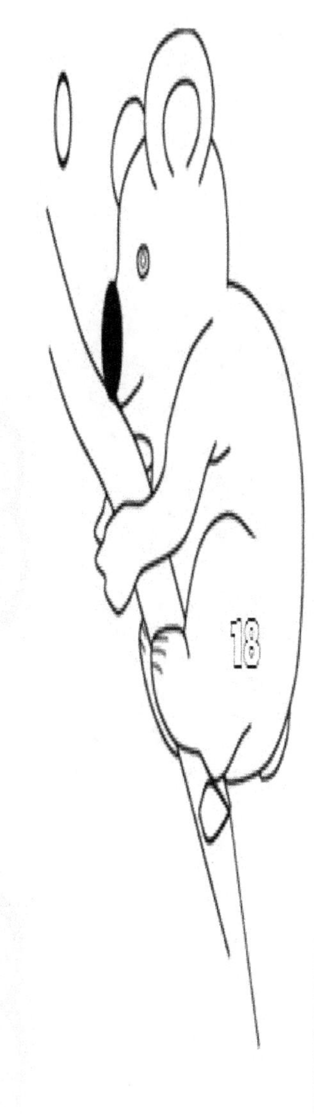

100 pages to learn to multiply enjoying and drawing

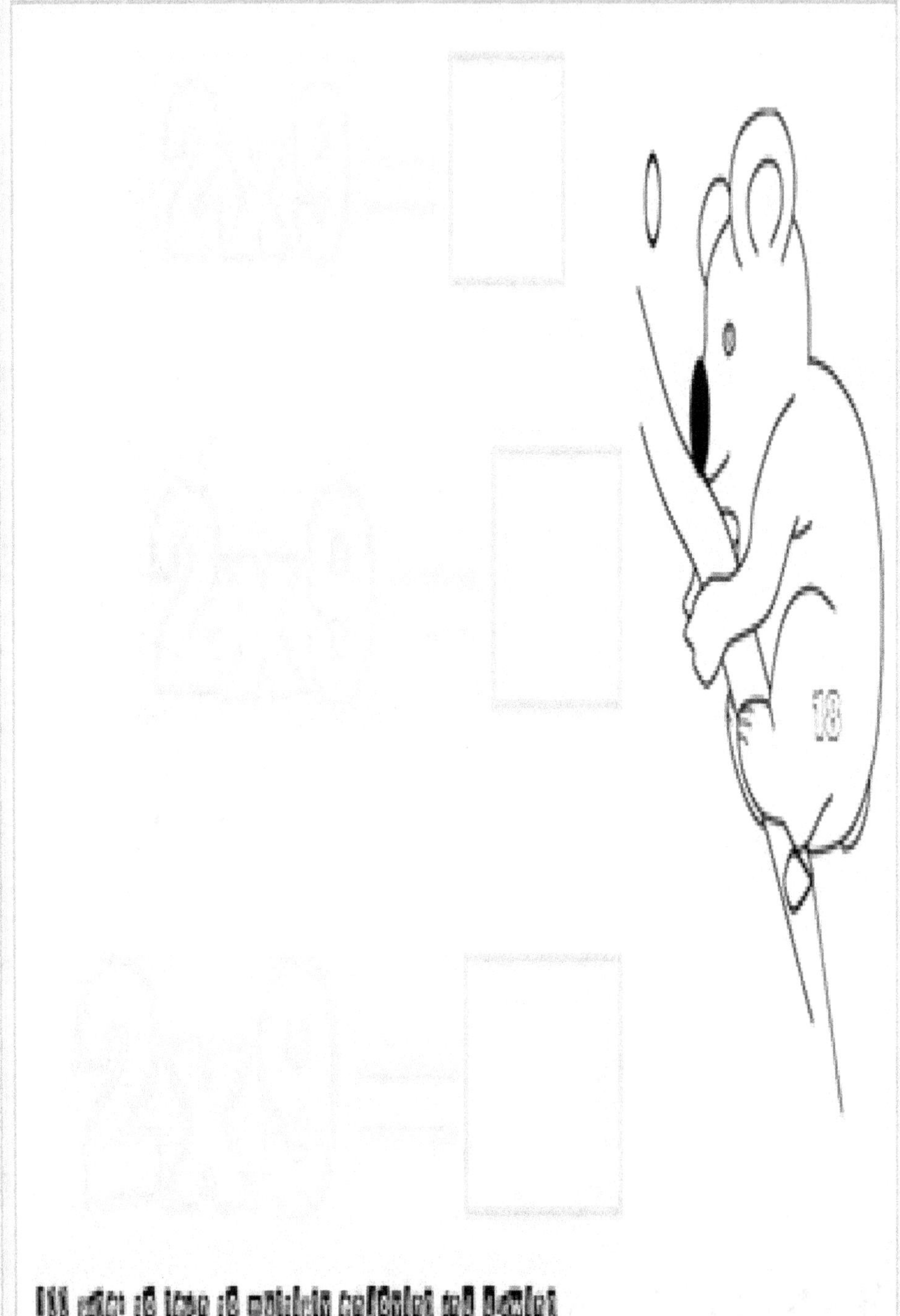

2x10 = 20

2x10 = 20

2x10 = 20

$$2 \times 10 = \boxed{}$$

$$2 \times 10 = \boxed{}$$

$$2 \times 10 = \boxed{}$$

100 pages to learn to multiply enjoying and drawing

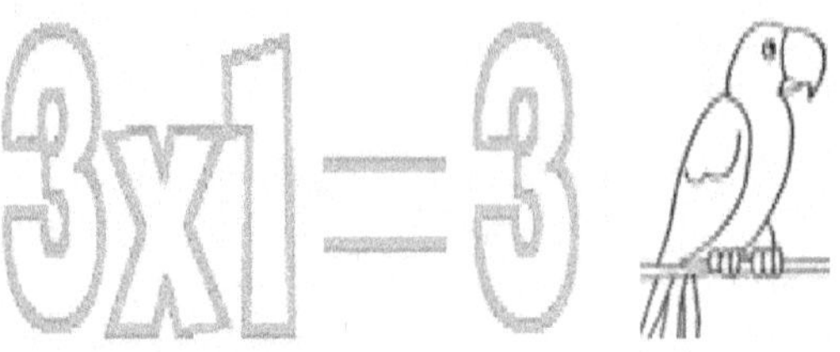

$$3 \times 1 = 3$$

$$3 \times 1 = 3$$

$$3 \times 1 = 3$$

$$3 \times 1 = \square$$

$$3 \times 1 = \square$$

$$3 \times 1 = \square$$

$$3 \times 2 = 6$$

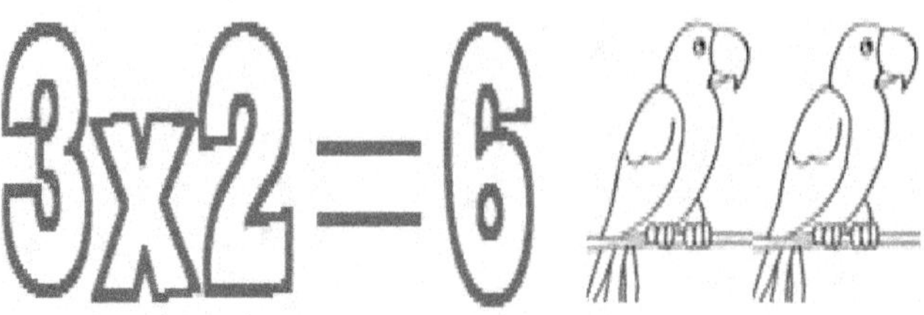

$$3 \times 2 = 6$$

$$3 \times 2 = 6$$

3 x 2 = [ ]

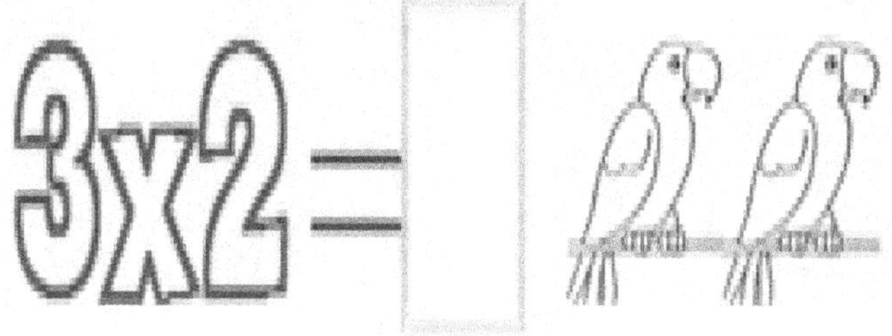

3 x 2 = [ ]

3 x 2 = [ ]

[illegible]

3 x 3 = 9

3 x 3 = 9

3 x 3 = 9

100 pages to learn to multiply enjoying and drawing

3 x 3 =

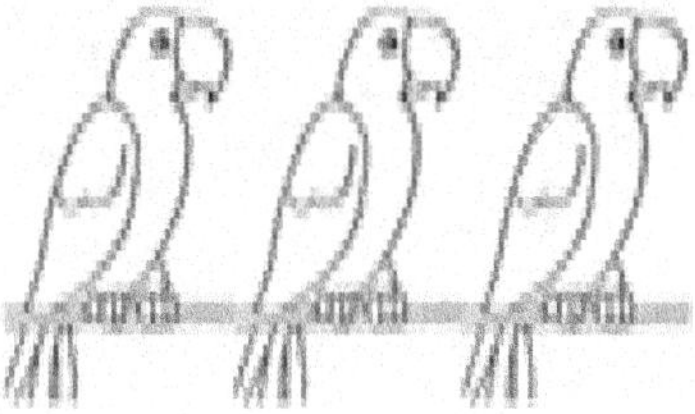

3 x 3 =

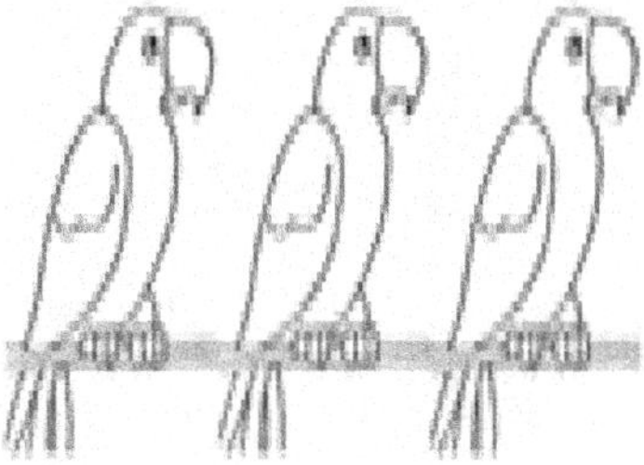

3 x 3 =

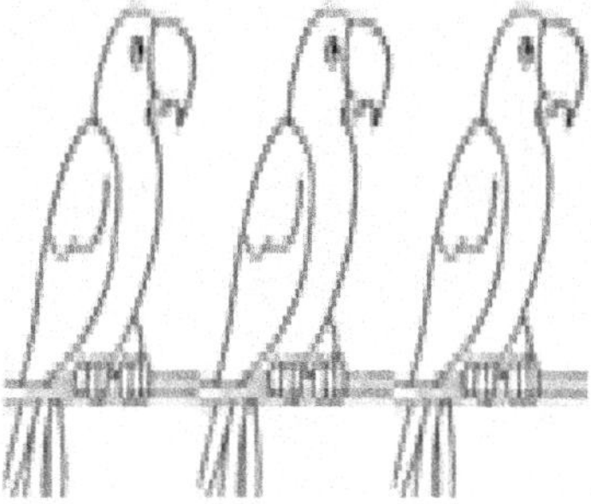

3x4=12

3x4=12

3x4=12

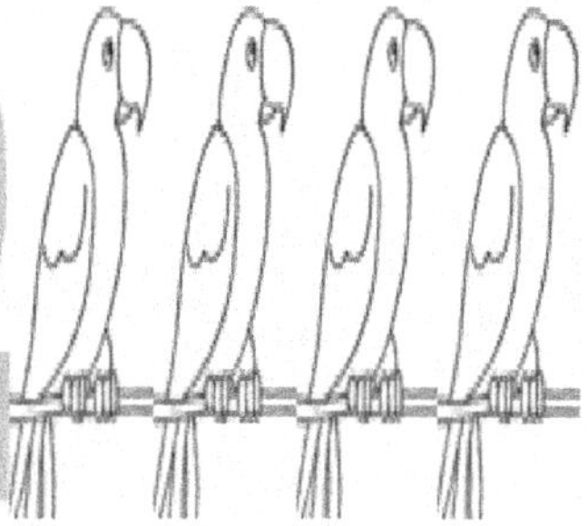

100 pages to learn to multiply enjoying and drawing

3 x 4 =

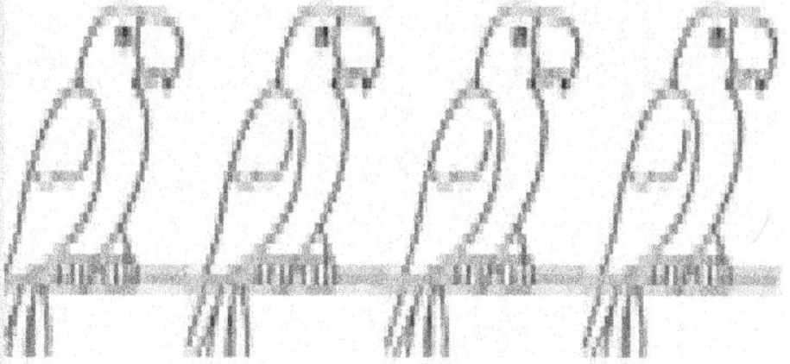

3 x 4 =

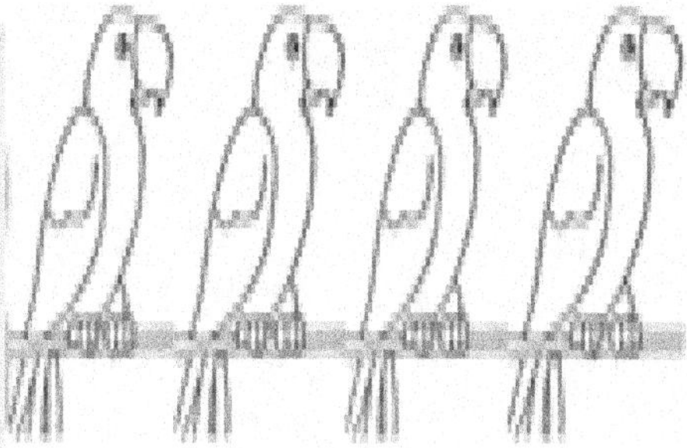

3 x 4 =

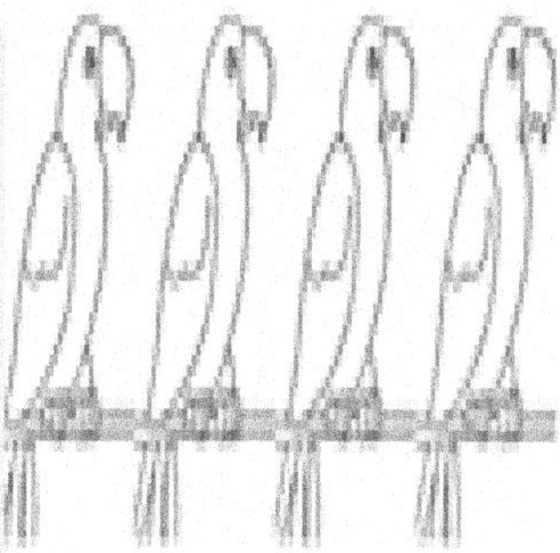

[illegible]

3x5 = 15

3x5 = 15

3x5 = 15

3 x 5 = ☐

3 x 5 = ☐

3 x 5 = ☐

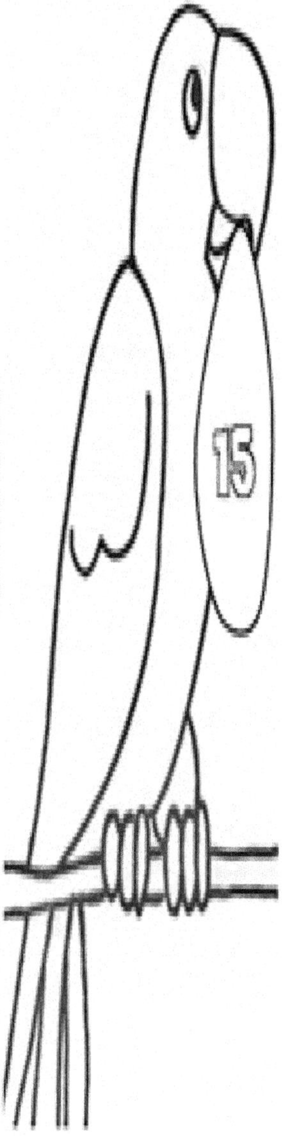

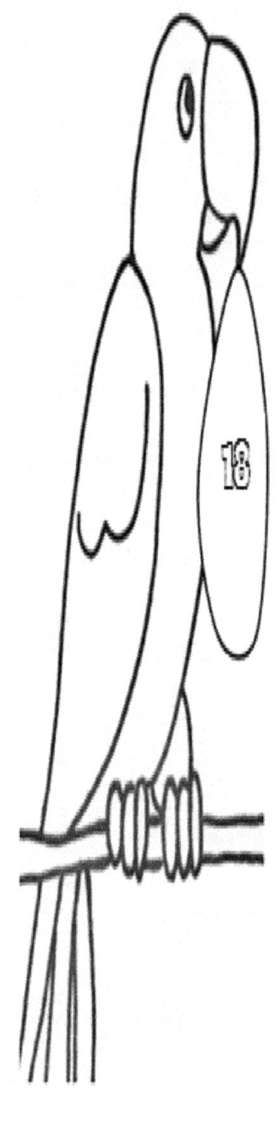

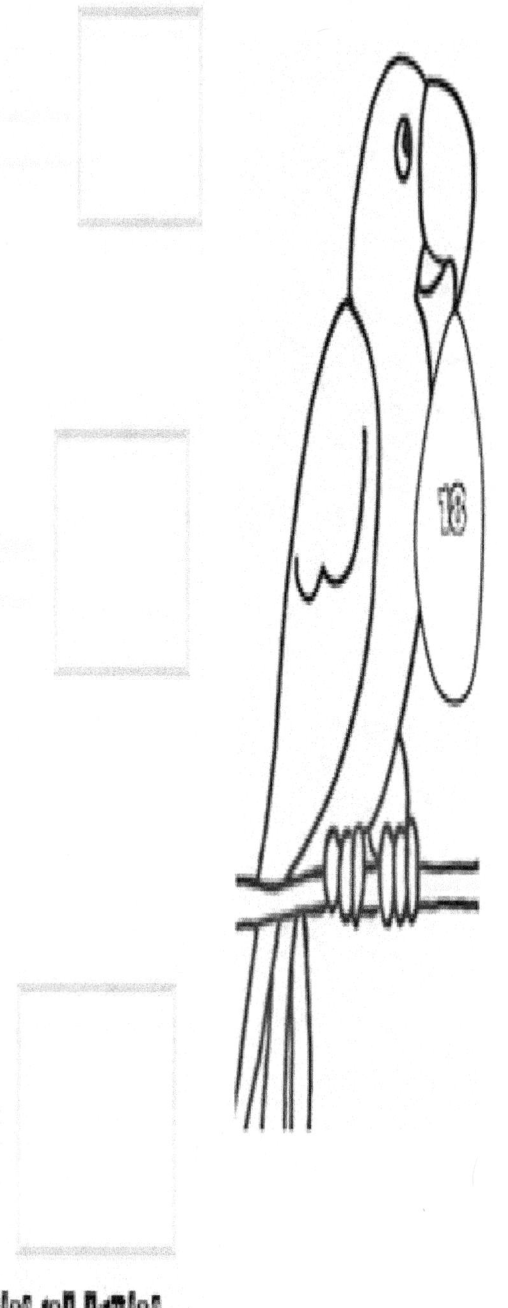

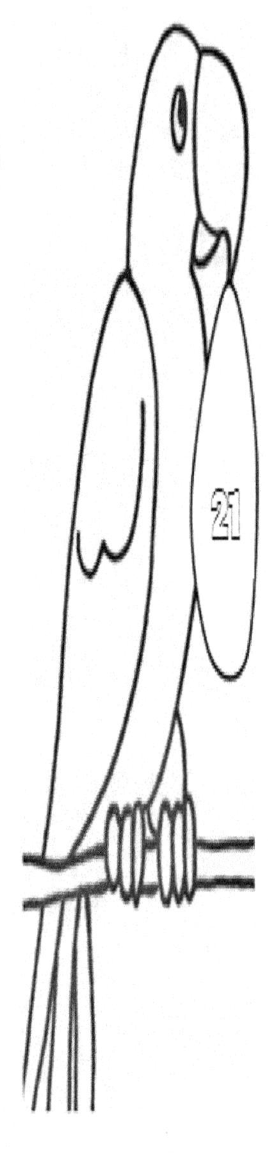

21

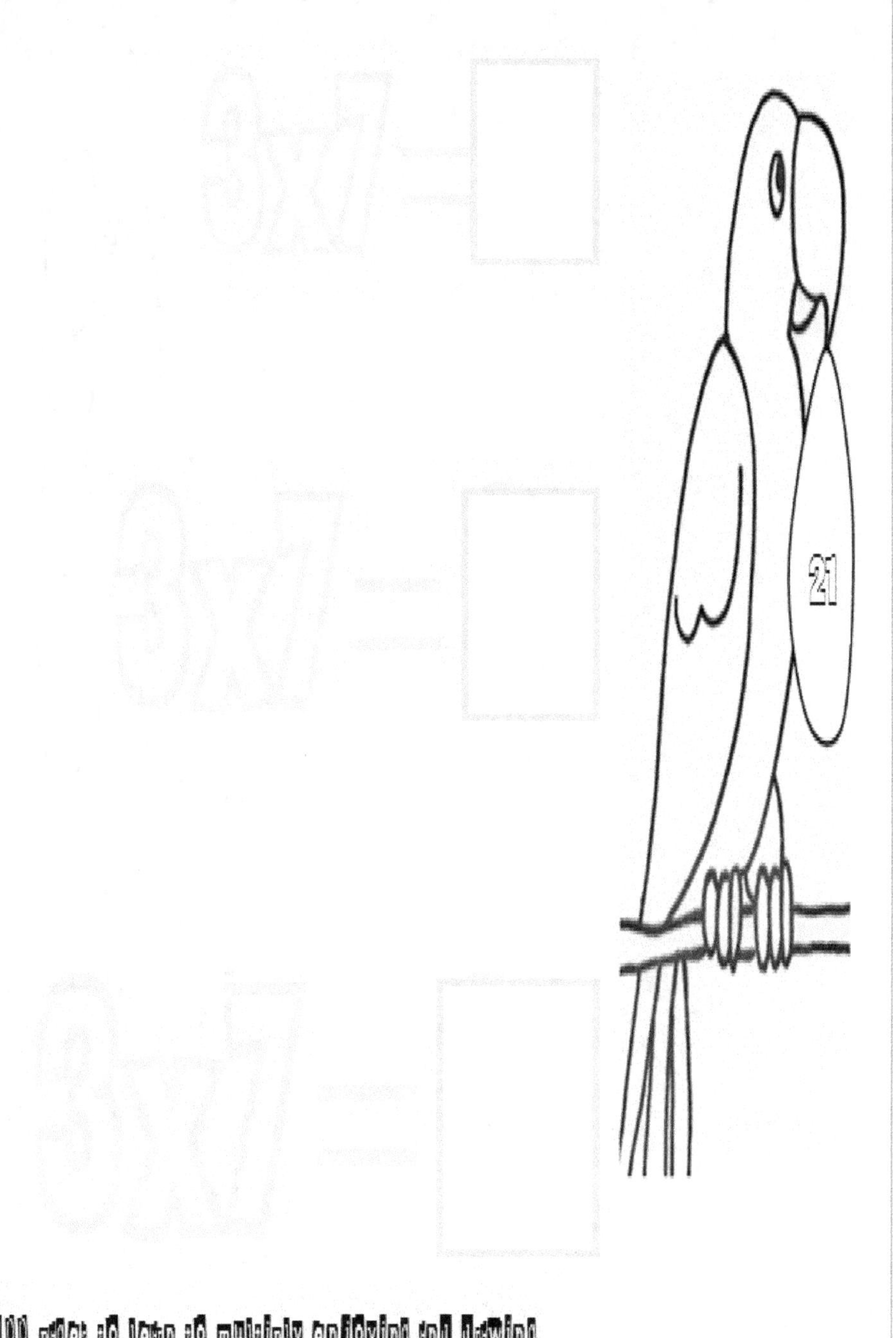
3x7=
3x7=
3x7=
21

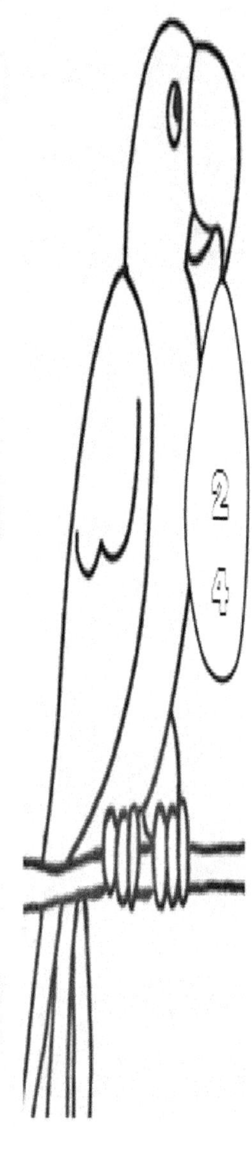

2
4

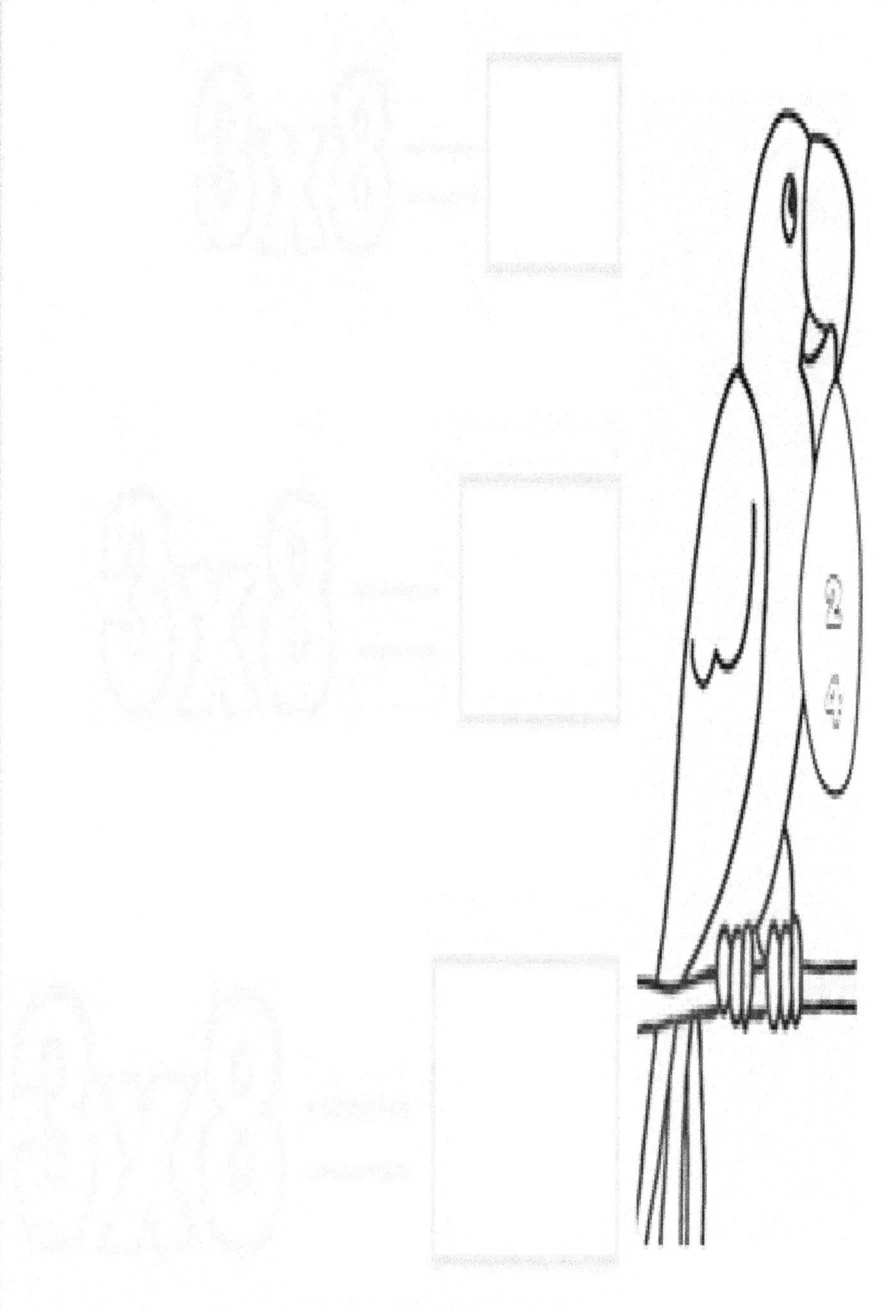

3 x 9 = 27

3 x 9 = 27

3 x 9 = 27

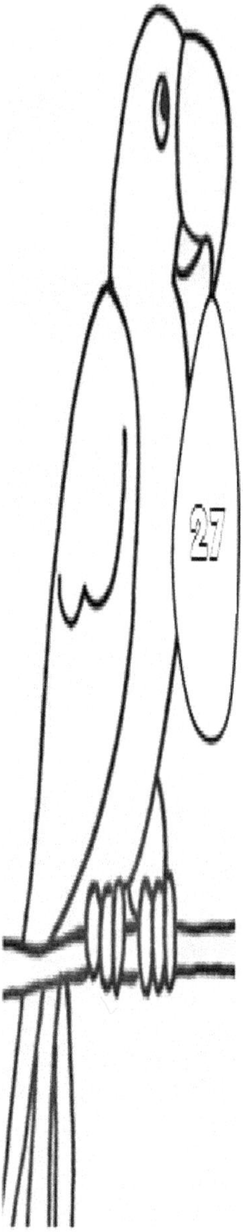

100 pages to learn to multiply enjoying and drawing

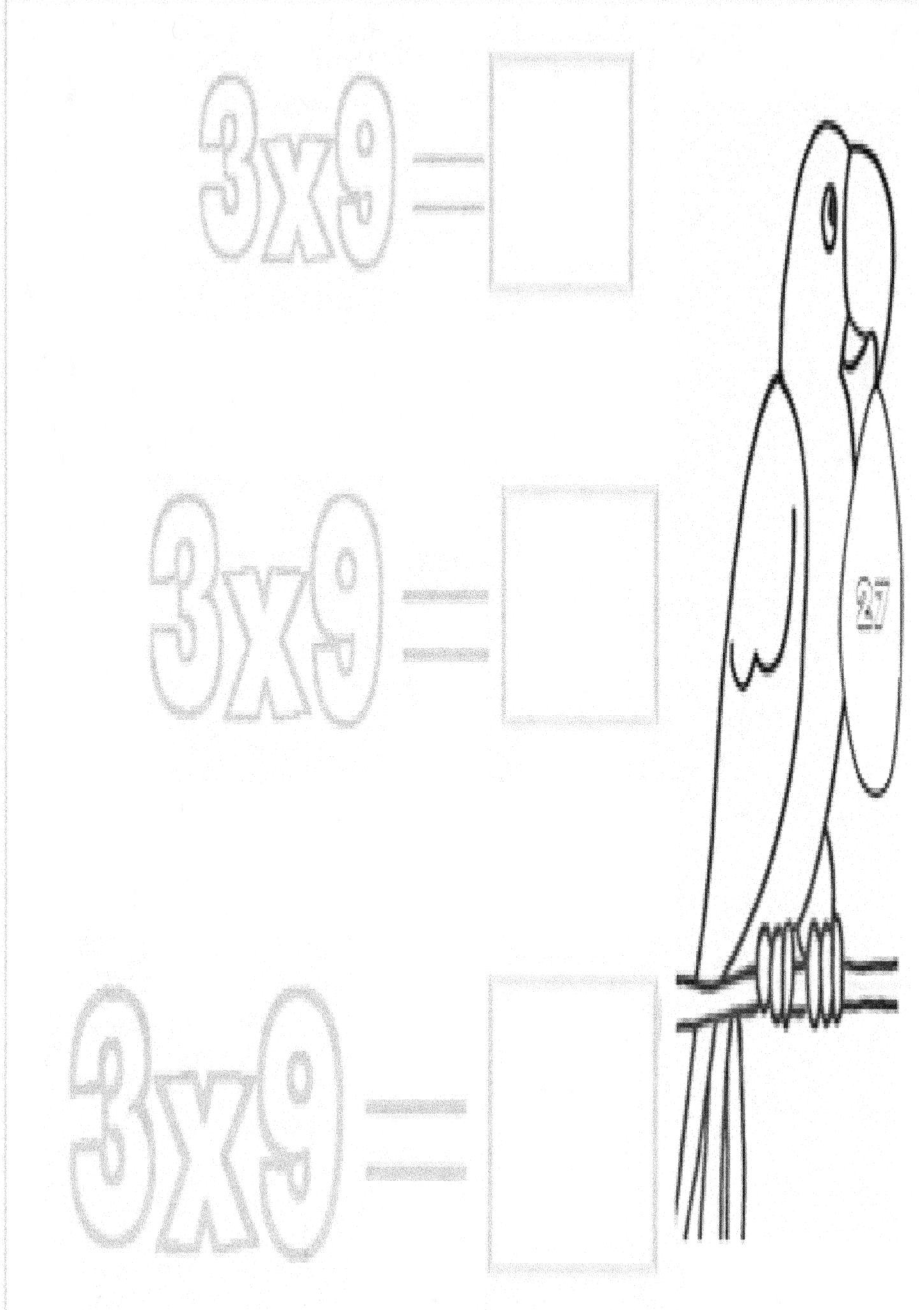

3 x 9 =
3 x 9 =
3 x 9 =
27

3x10 = 30

3x10 = 30

3x10 = 30

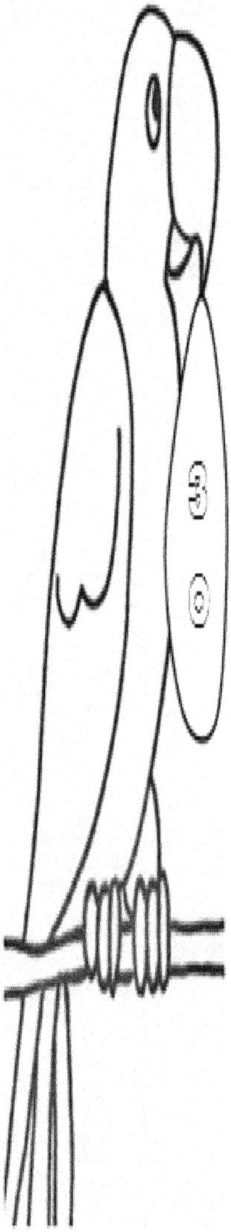

3x10 =

3x10 =

3x10 =

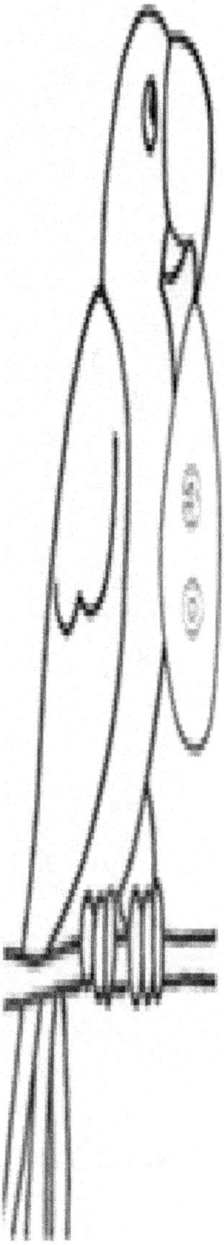

100 pages to learn to multiply enjoying and drawing

$$4 \times 1 = 4$$

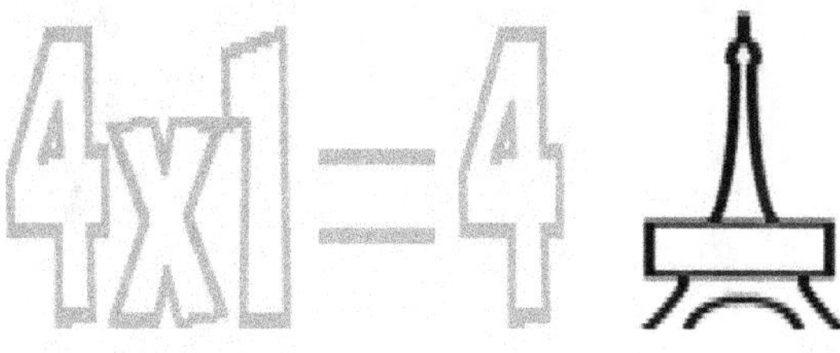

$$4 \times 1 = 4$$

$$4 \times 1 = 4$$

4x1 = [ ] 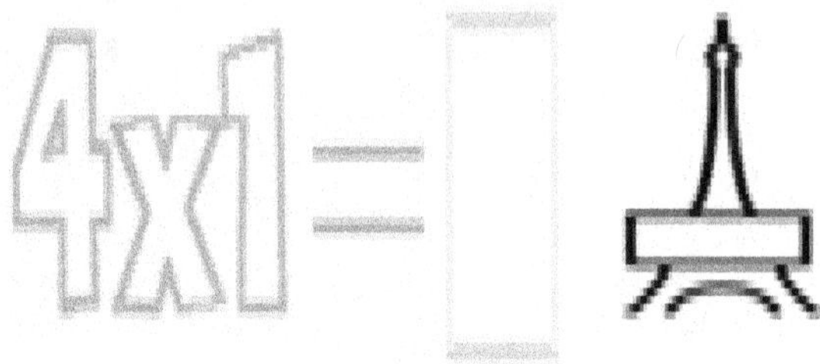

4x1 = [ ]

4x1 = [ ] 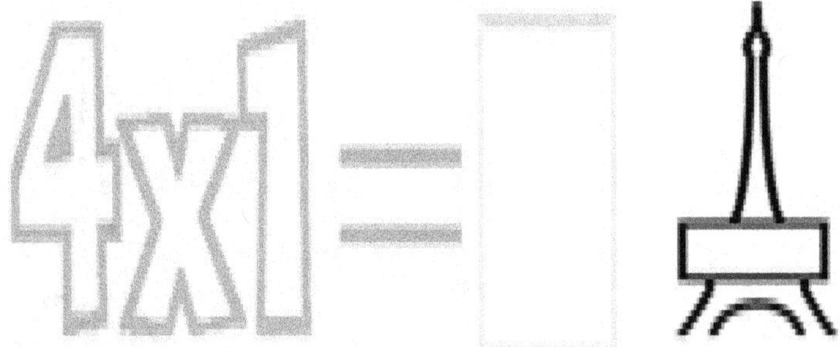

4 x 2 = 8 

4 x 2 = 8

4 x 2 = 8

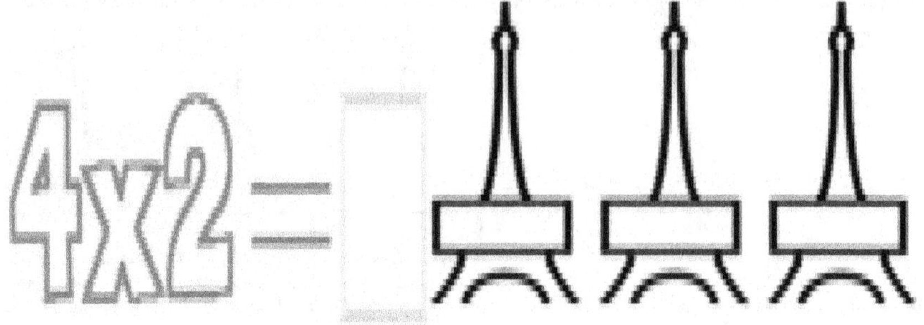

4 x 2 =

4 x 2 =

4 x 2 =

$$4 \times 3 = 12$$

$$4 \times 3 = 12$$

$$4 \times 3 = 12$$

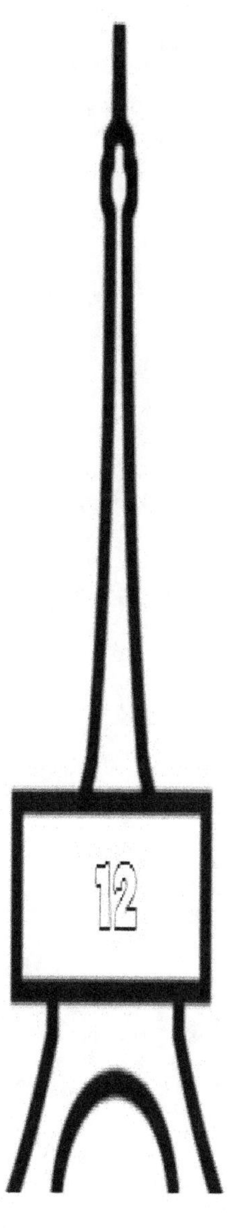

4x3 =

4x3 =

4x3 =

12

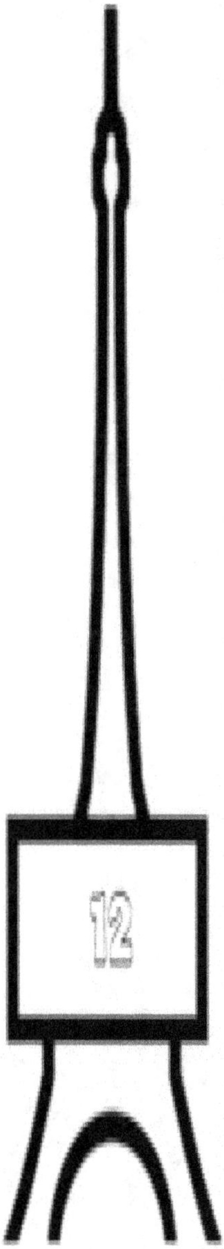

4x4=16

4x4=16

4x4=16

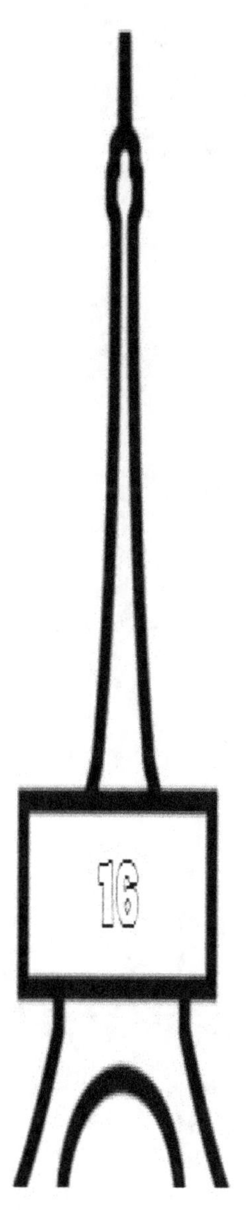

4x4 = ☐

4x4 = ☐

4x4 = ☐

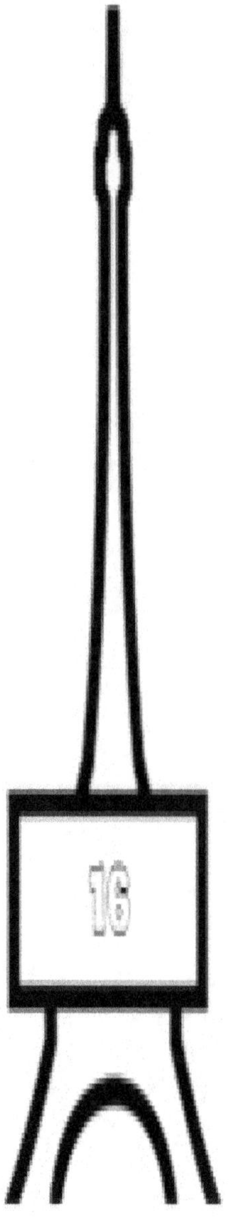

4 x 5 = 20

4 x 5 = 20

4 x 5 = 20

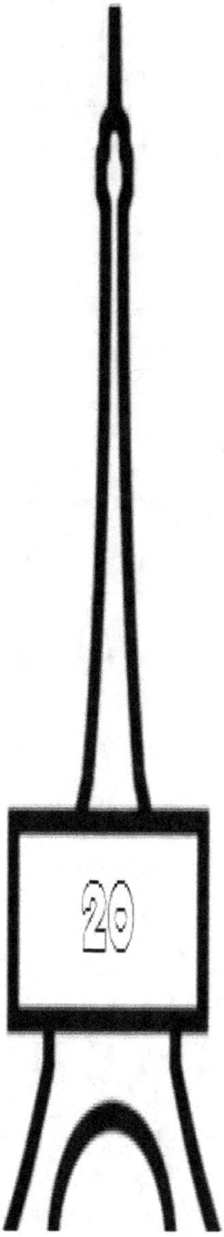

4x5 =

4x5 =

4x5 =

4x6=24

4x6=24

4x6=24

100 pages to learn to multiply enjoying and drawing

$$4 \times 6 =$$

$$4 \times 6 =$$

$$4 \times 6 =$$

4 x 7 = 28

4 x 7 = 28

4 x 7 = 28

100 pages to learn to multiply enjoying and drawing

4x7 =

4x7 =

4x7 =

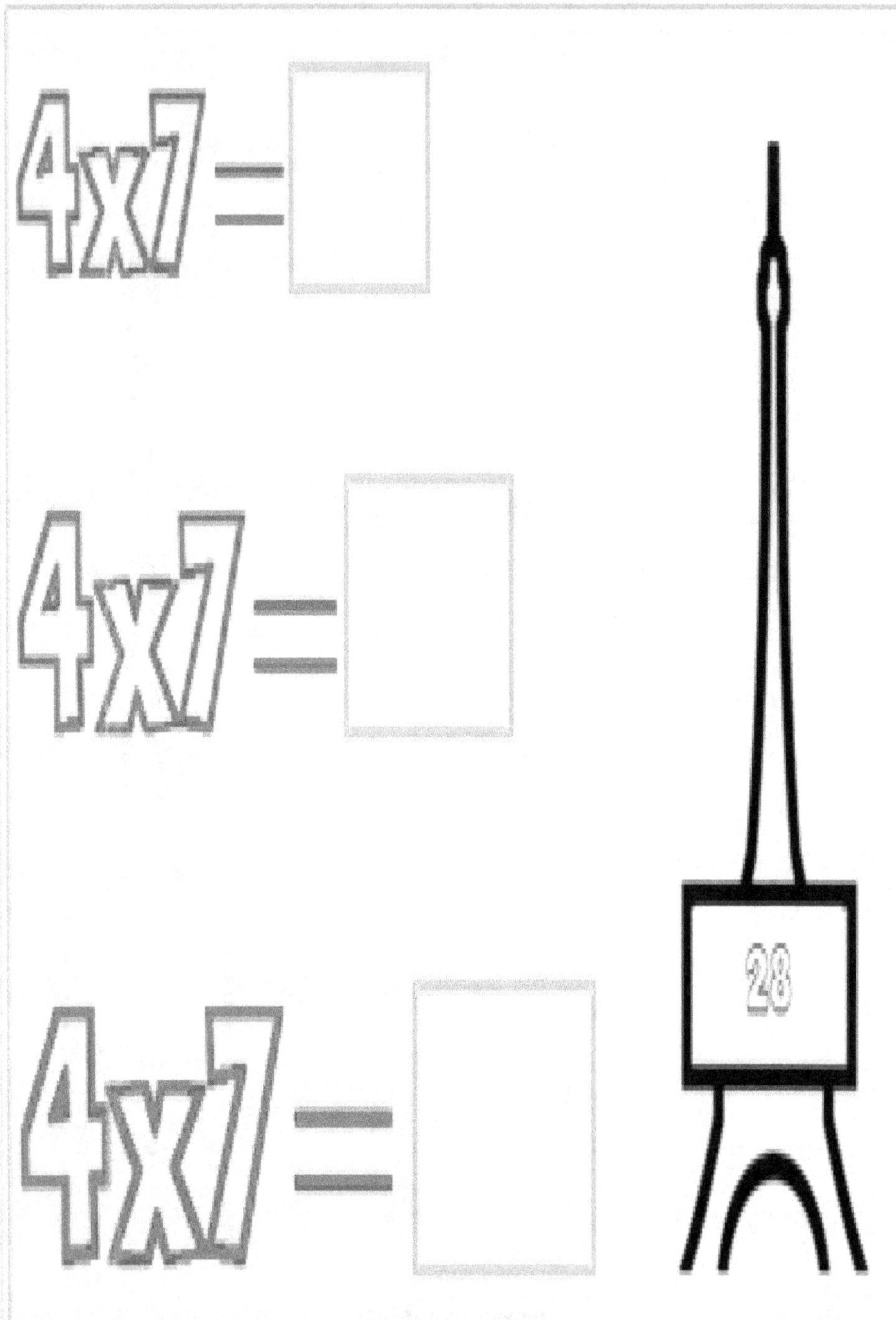

4x8=32

4x8=32

4x8=32

$$4 \times 8 = \quad$$

$$4 \times 8 = \quad$$

$$4 \times 8 = \quad$$

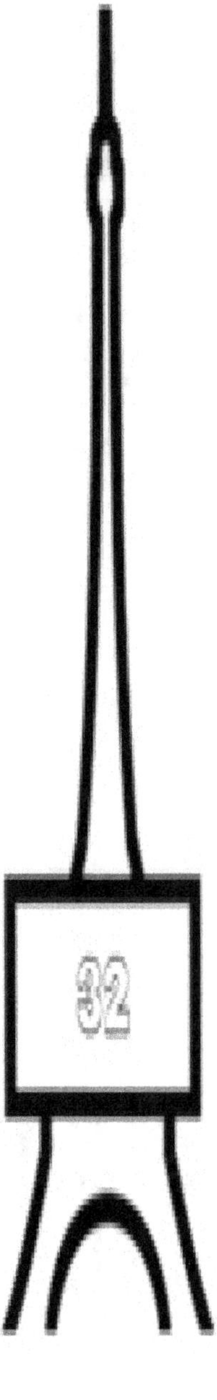

4 x 9 = 36

4 x 9 = 36

4 x 9 = 36

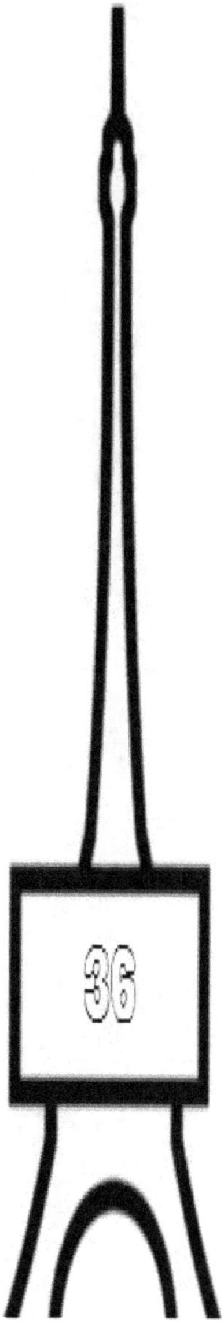

36

$$4 \times 9 = \boxed{}$$

$$4 \times 9 = \boxed{}$$

$$4 \times 9 = \boxed{}$$

Total the numbers to finish the CN Tower!!!

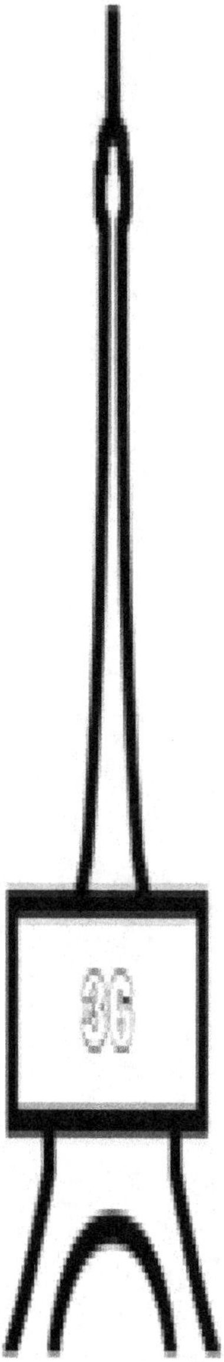

4x10 = 40

4x10 = 40

4x10 = 40

4 x 10 =

4 x 10 =

4 x 10 =

100 pages to learn to multiply enjoying and drawing

5x1=5

5x1=5

5x1=5

100 ways to learn to multiply enjoying and drawing

5 x 1 = ☐ 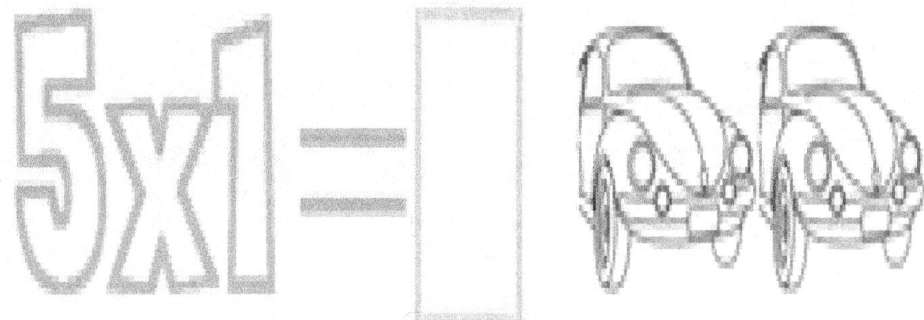

5 x 1 = ☐

5 x 1 = ☐

5x2=10

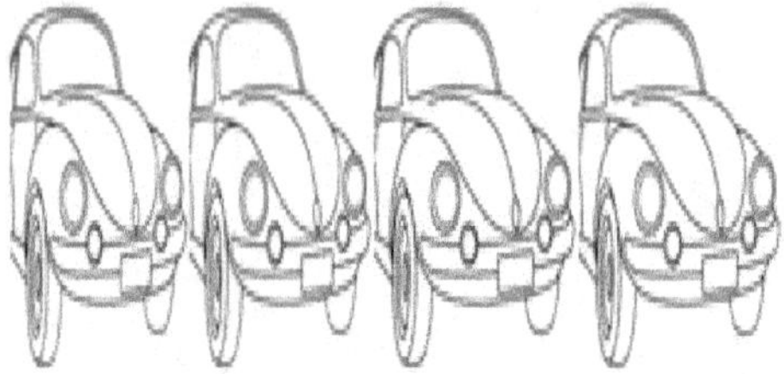

5x2=10

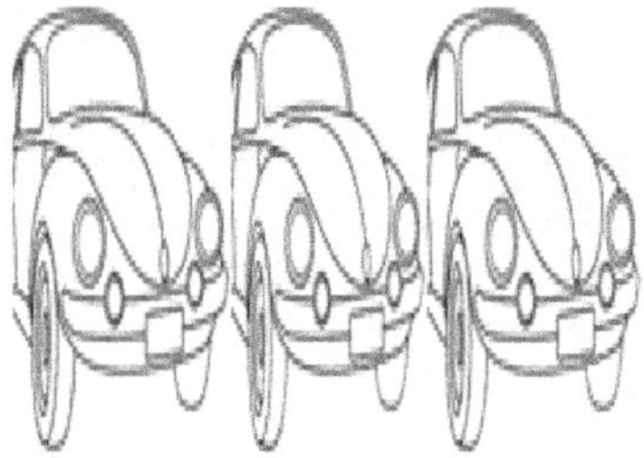

5x2=10

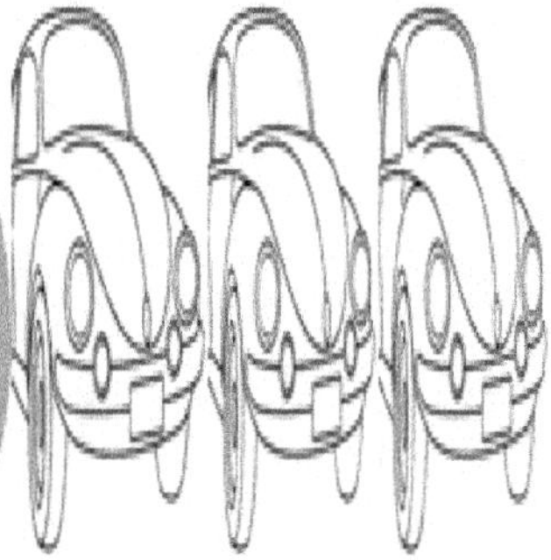

5x2=

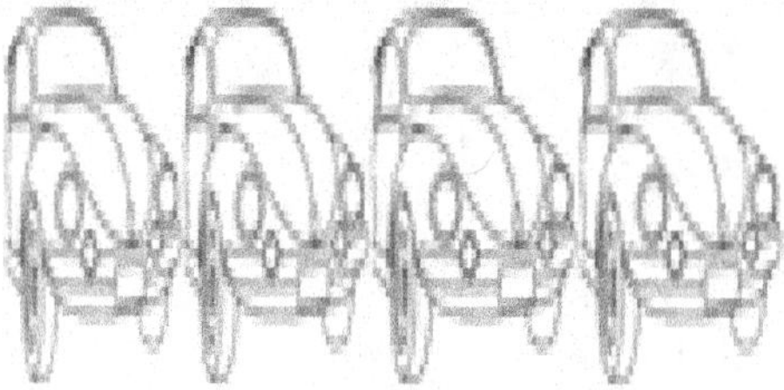

5x2=

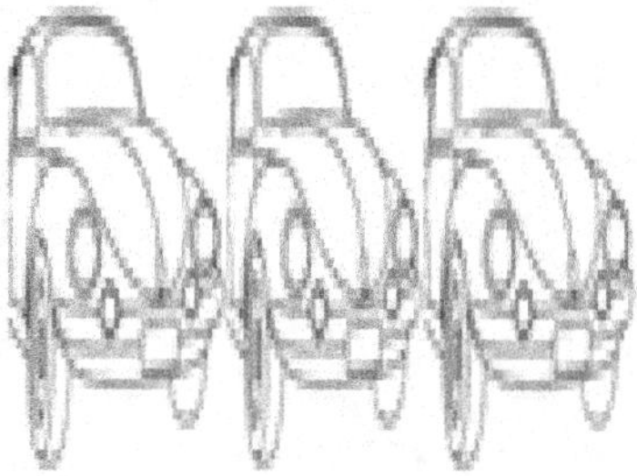

5x2=

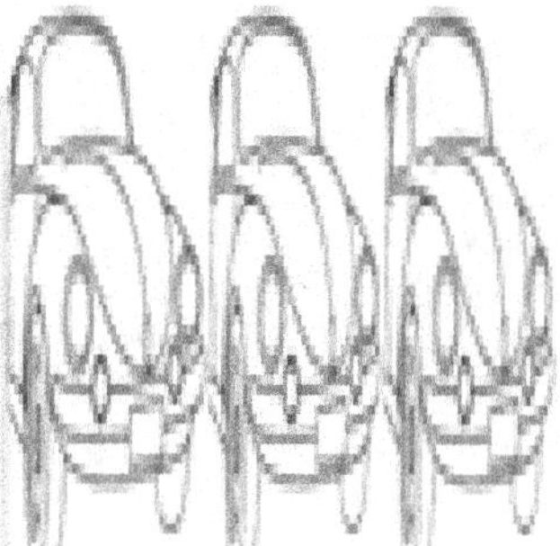

5x3=15

5x3=15

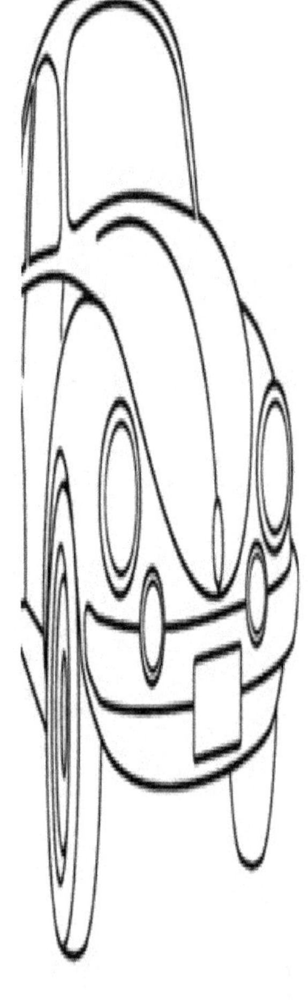

5x3=15

5x3 =

5x3 =

5x3 =

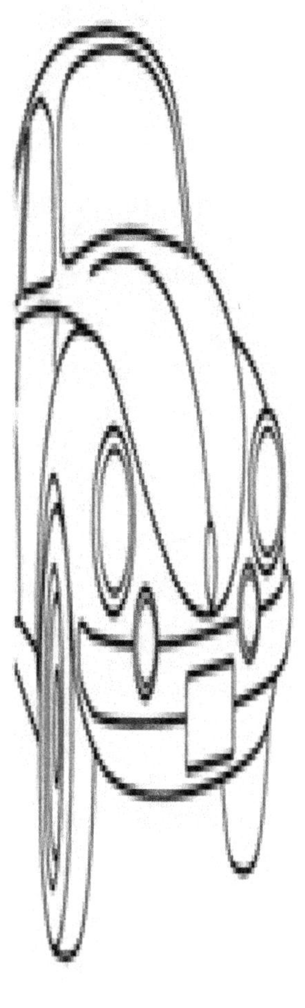

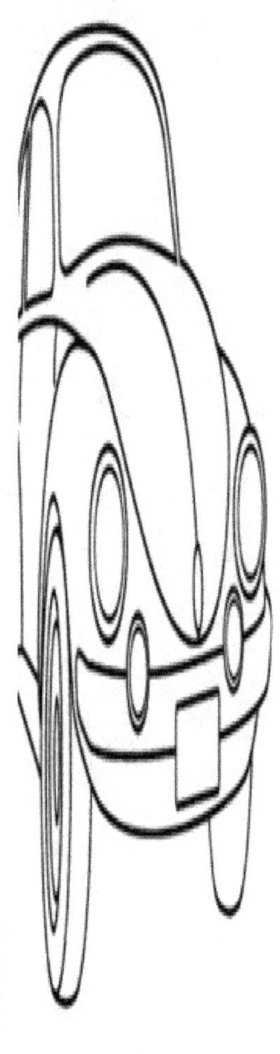

100 pages to learn to multiply enjoying and drawing

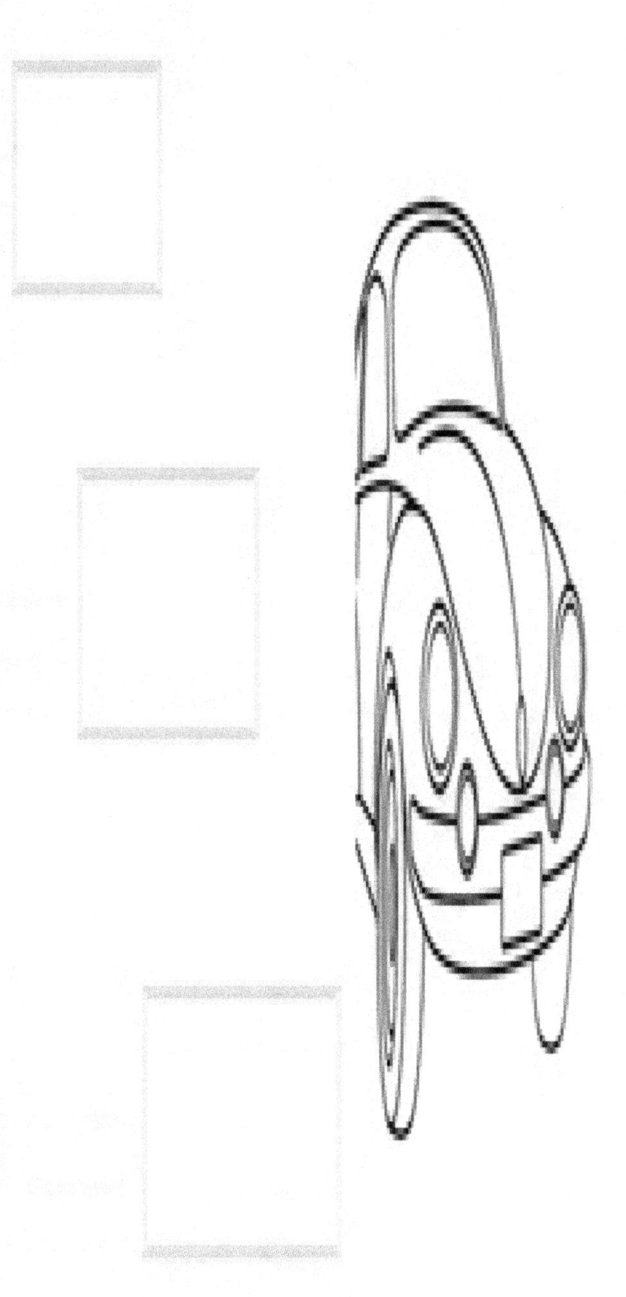

5x5=25

5x5=25

5x5=25

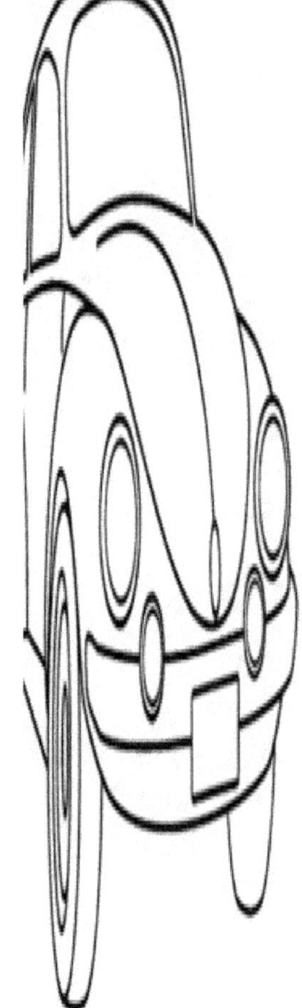

100 pages to learn to multiply enjoying and drawing

5x5 =

5x5 =

5x5 =

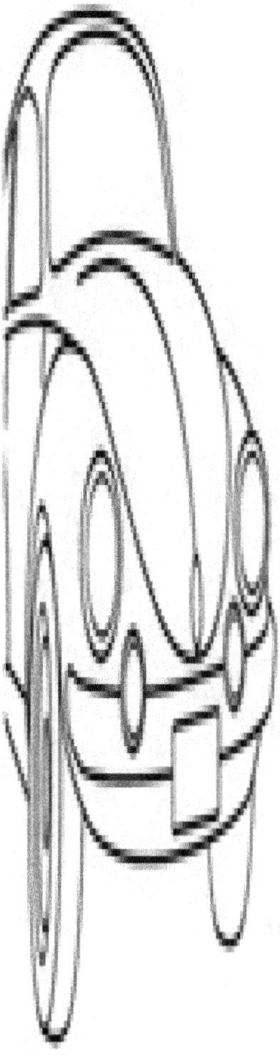

5x6=30

5x6=30

5x6=30

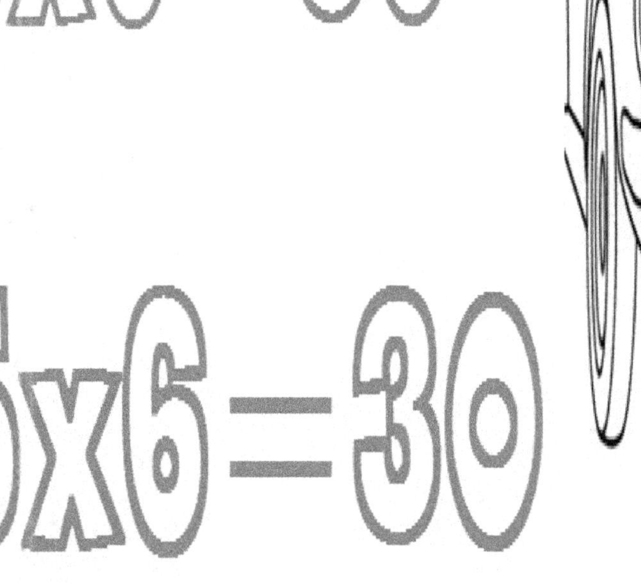
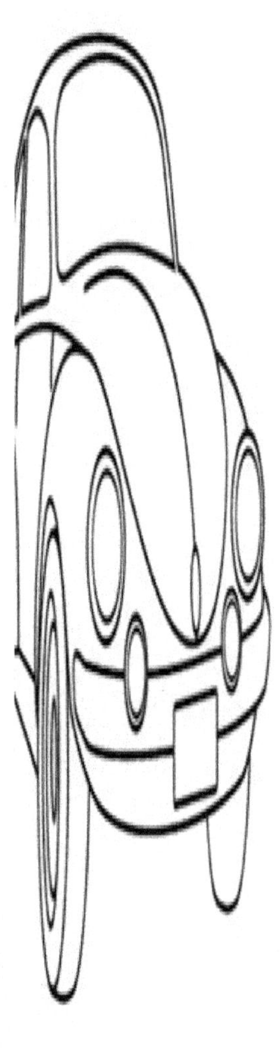

5x6=

5x6=

5x6=

5x7=35

5x7=35

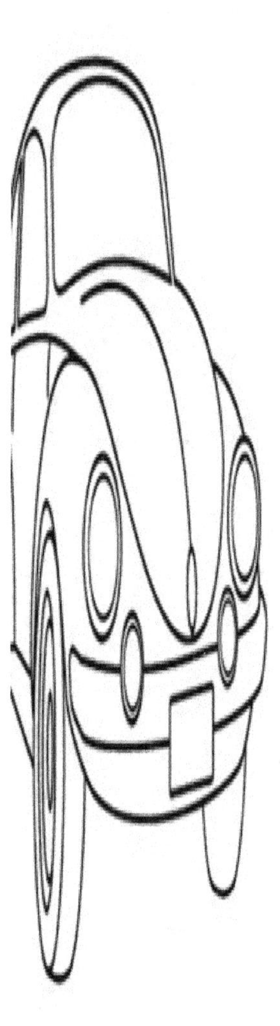

5x7=35

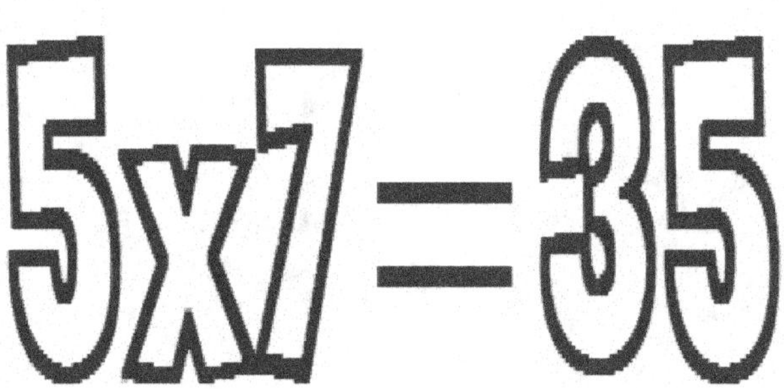

5x7 = ☐

5x7 = ☐

5x7 = ☐

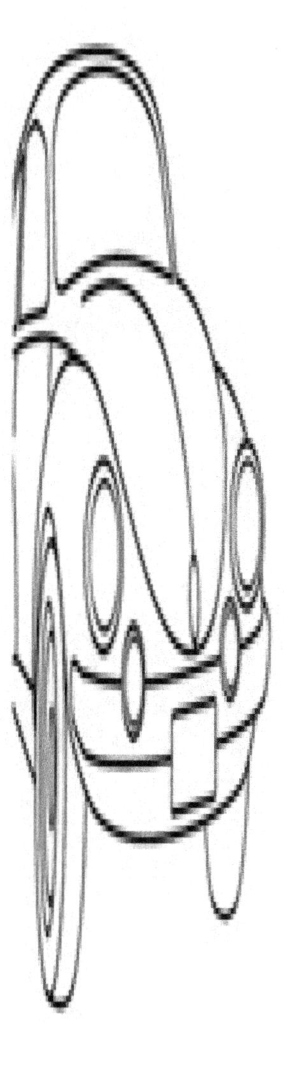

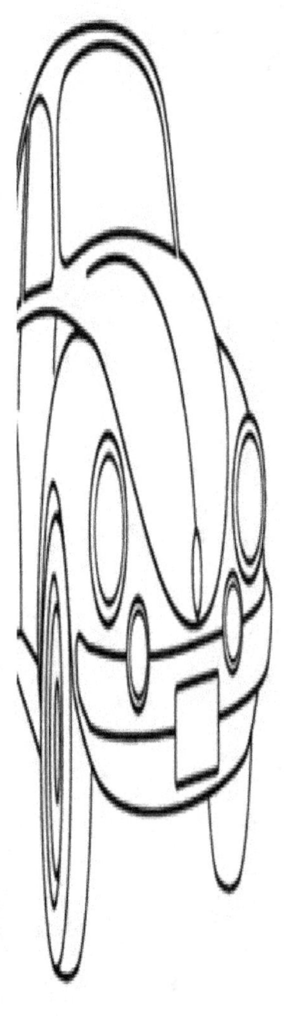

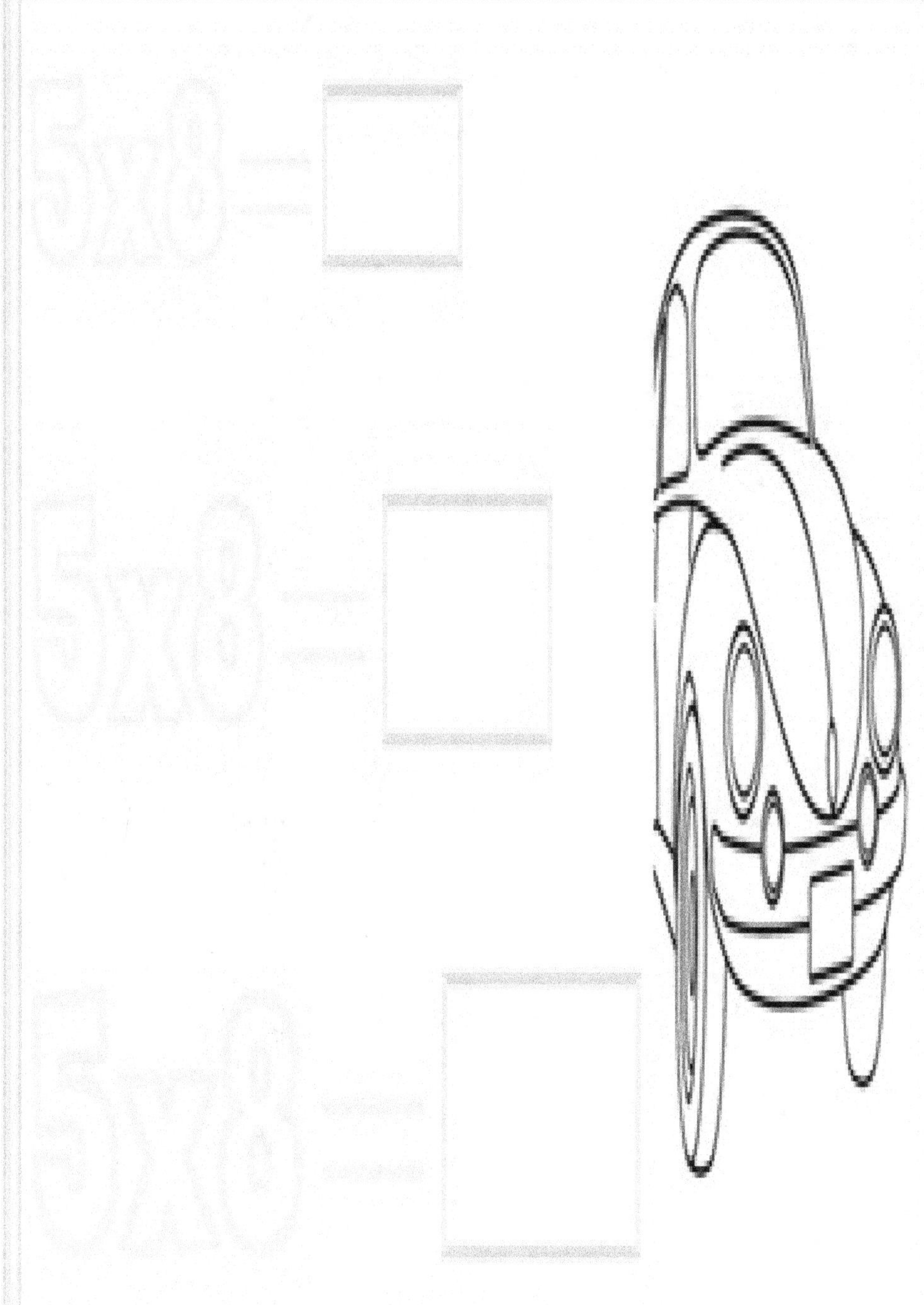

5x8 = ☐

5x8 = ☐

5x8 = ☐

5x9=45

5x9=45

5x9=45

100 pages to learn to multiply enjoying and drawing

5 x 9 = ☐

5 x 9 = ☐

5 x 9 = ☐

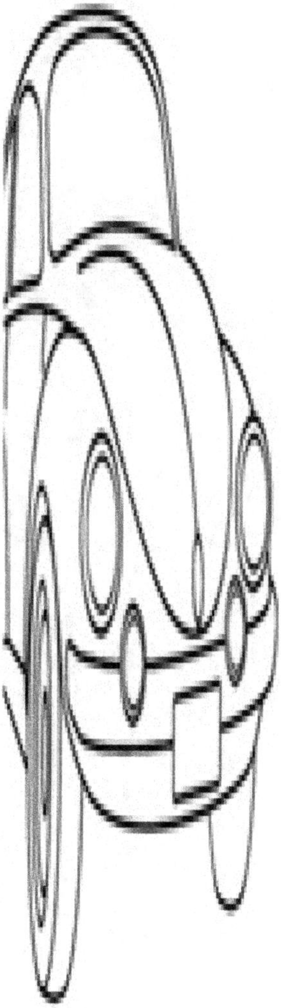

5x10=50

5x10=50

5x10=50

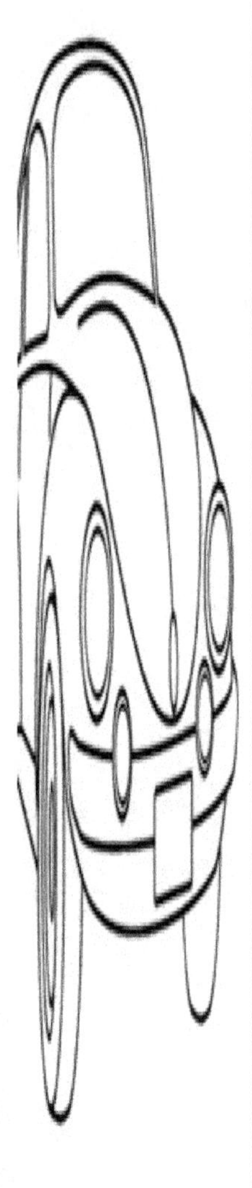

5x10 =

5x10 =

5x10 =

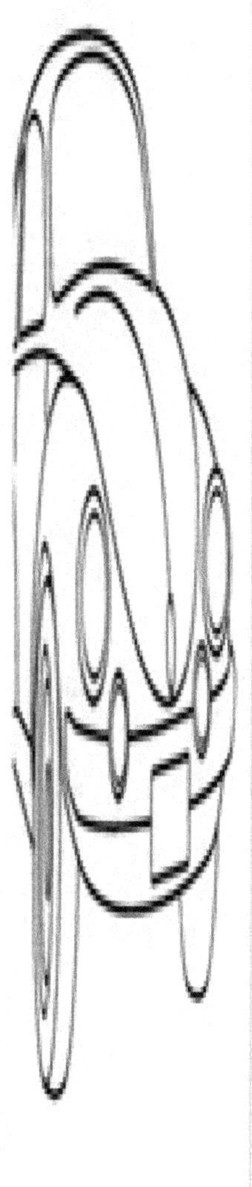

Color Atlas

100 pages to learn to multiply enjoying and drawing

$$6 \times 1 = 6$$

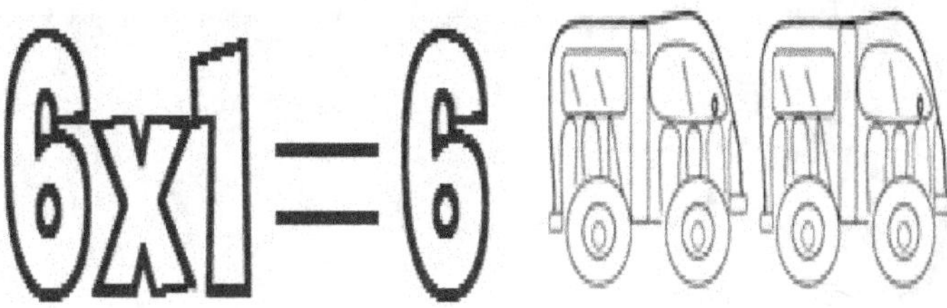

$$6 \times 1 = 6$$

$$6 \times 1 = 6$$

6x1 = 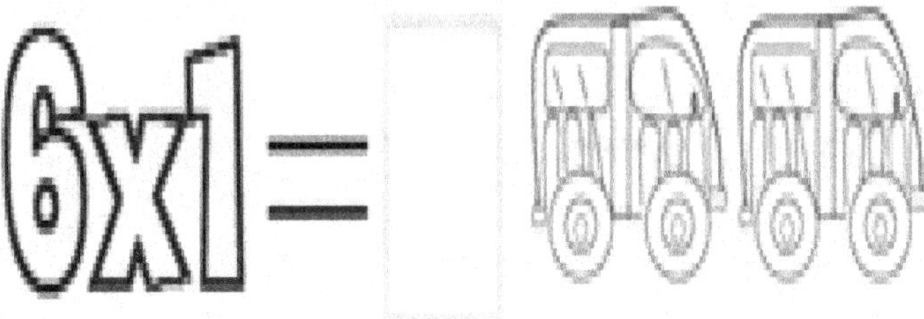

6x1 =

6x1 = 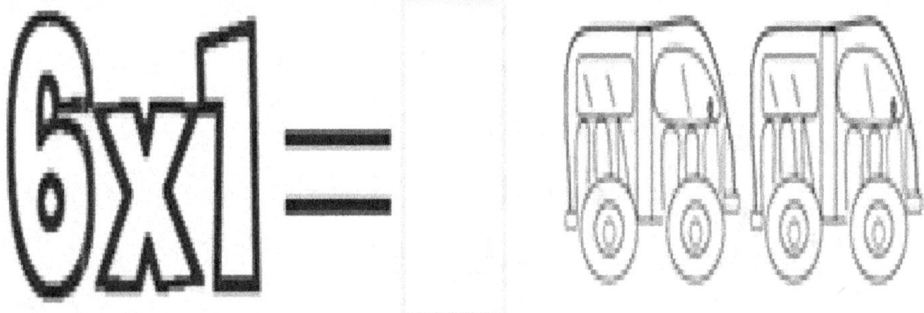

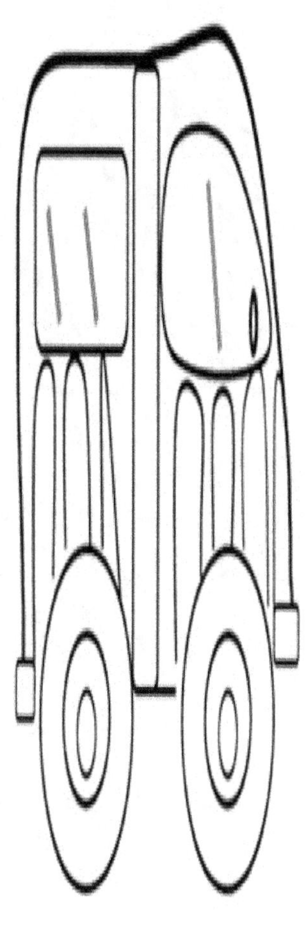

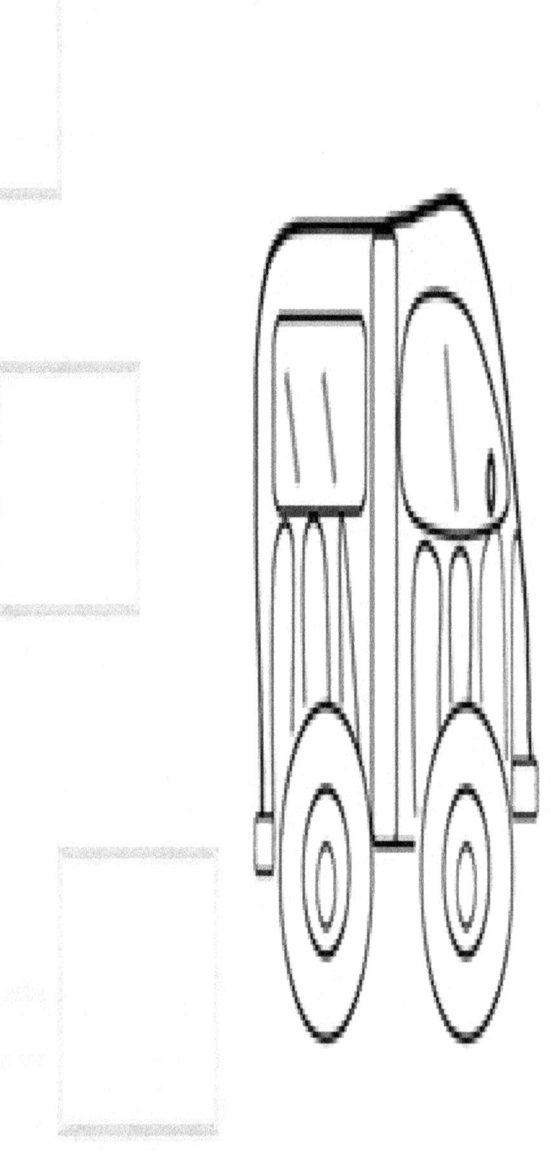

6x3 = 18

6x3 = 18

6x3 = 18

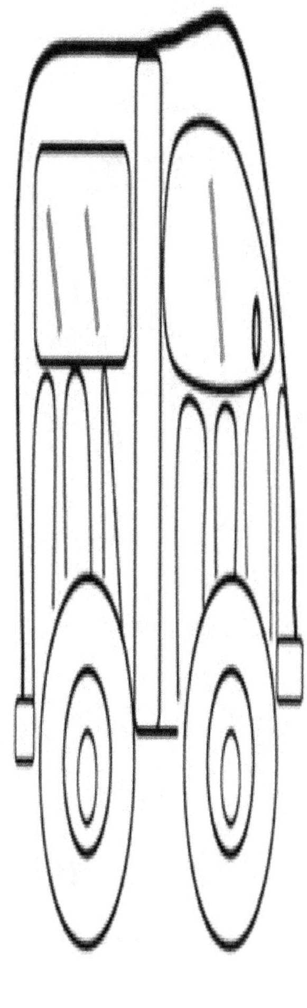

6x3 =

6x3 =

6x3 =

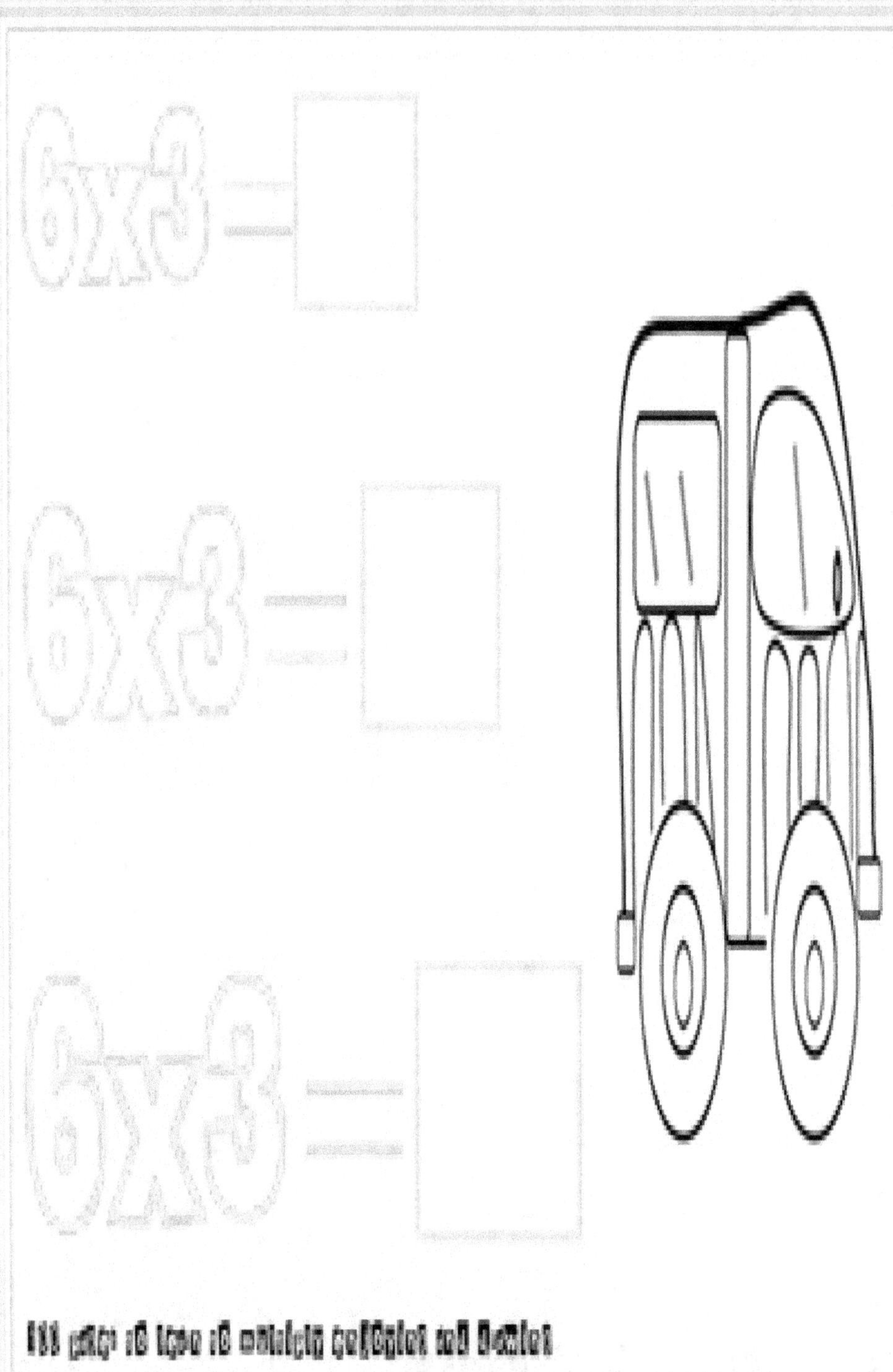

6x4=24

6x4=24

6x4=24

6 x 4 = ☐

6 x 4 = ☐

6 x 4 = ☐

6x5=30

6x5=30

6x5=30

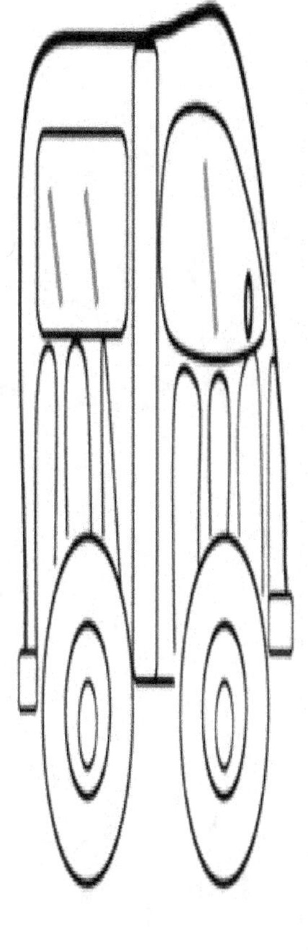

6x5 =

6x5 =

6x5 =

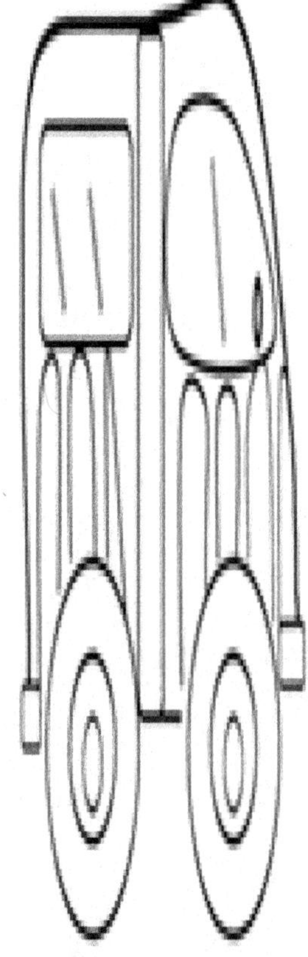

6x6 = 36

6x6 = 36

6x6 = 36

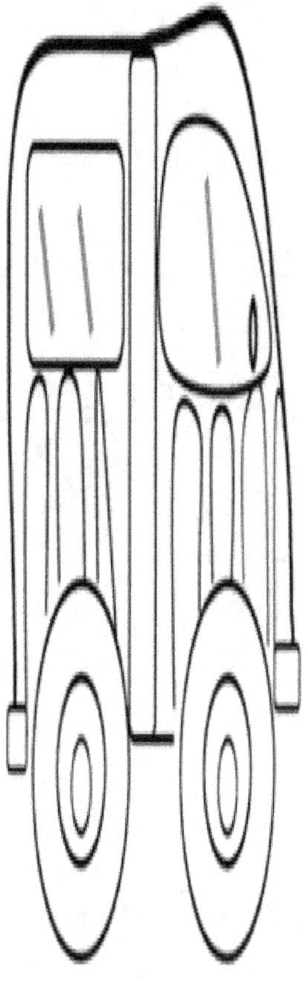

6 x 6 =

6 x 6 =

6 x 6 =

$6 \times 7 = 42$

$6 \times 7 = 42$

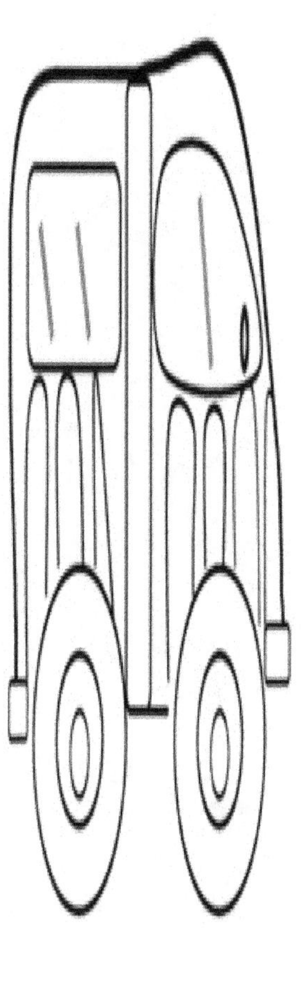

$6 \times 7 = 42$

6 x 7 =

6 x 7 =

6 x 7 =

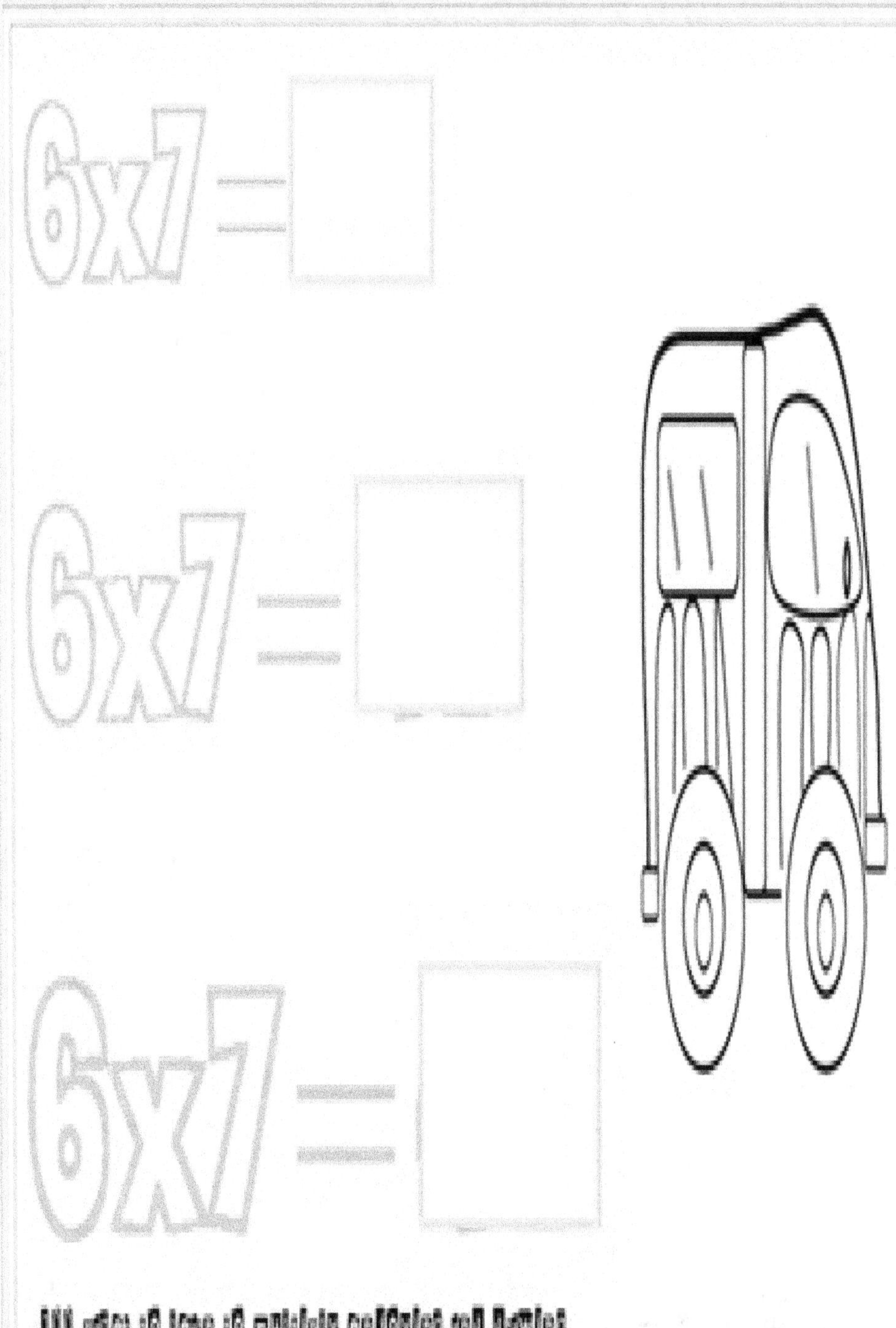

6x8=48

6x8=48

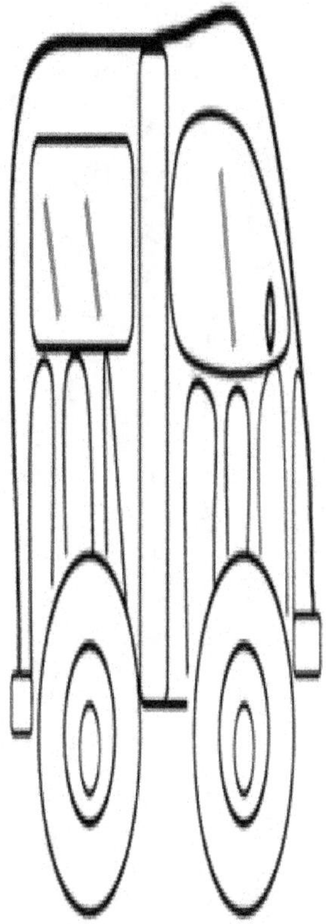

6x8=48

6x8 =

6x8 =

6x8 =

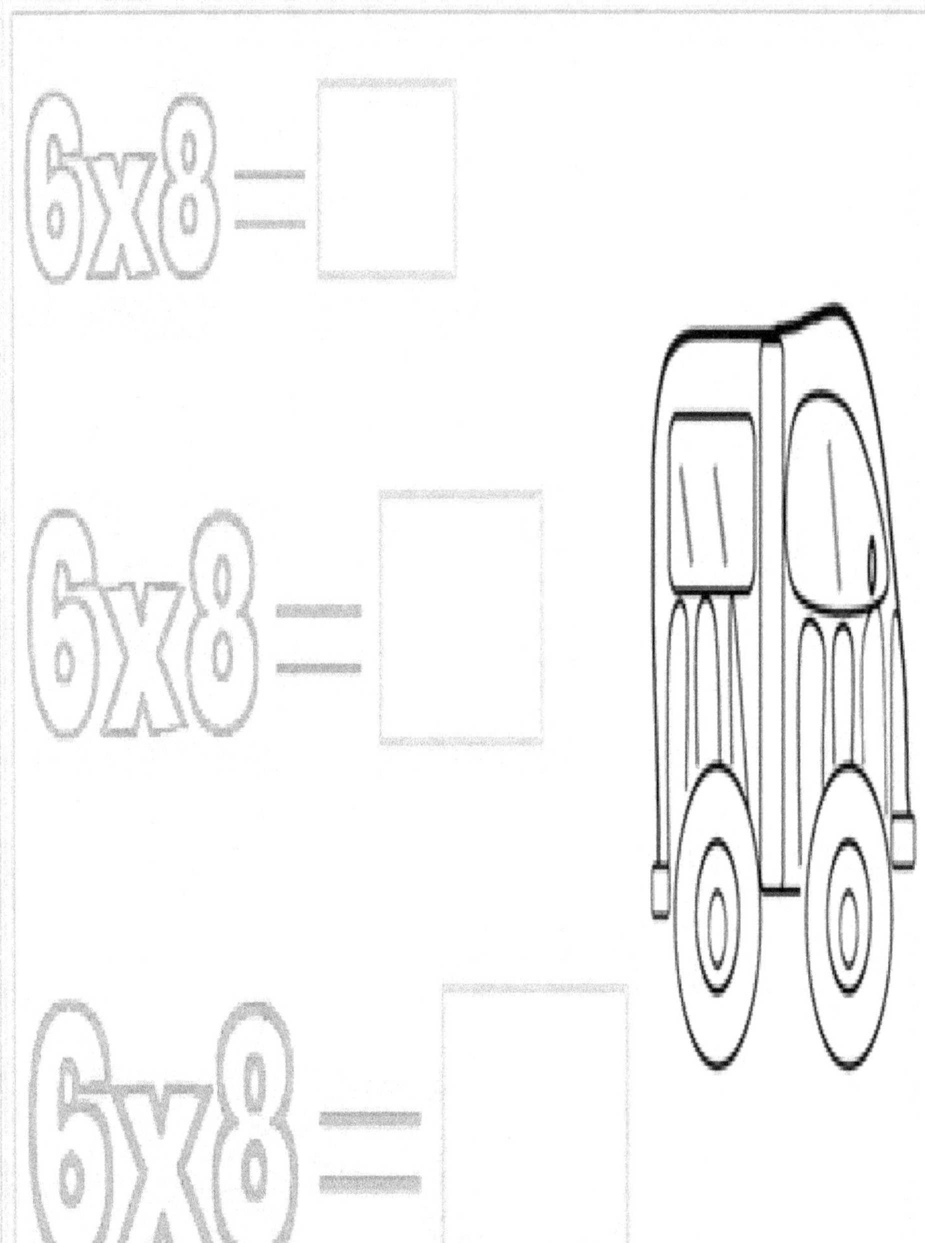

6x9=54

6x9=54

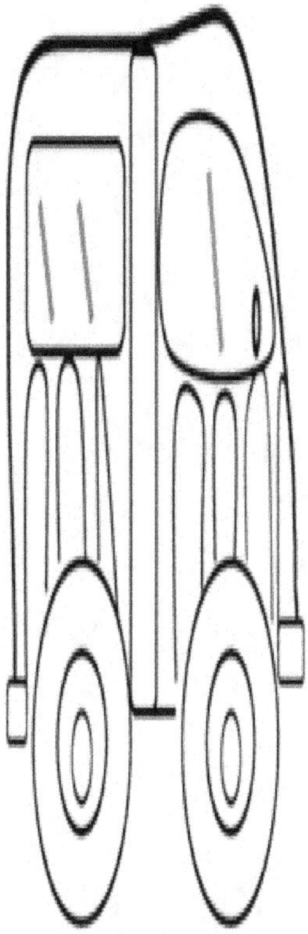

6x9=54

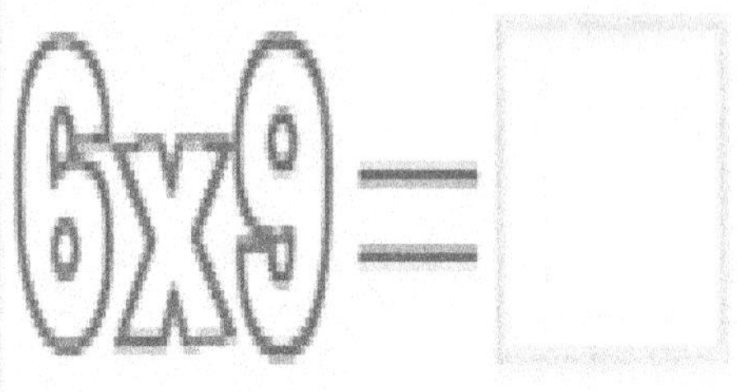

6 x 9 = ☐

6 x 9 = ☐

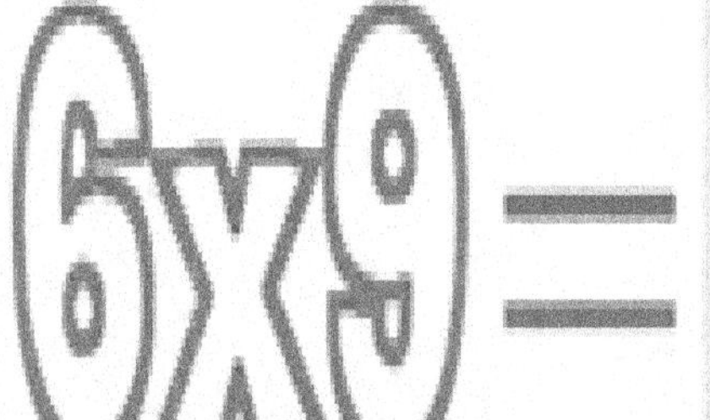

6 x 9 = ☐

6x10 = 60

6x10 = 60

6x10 = 60

6x10=

6x10=

6x10=

100 pages to learn to multiply enjoying and drawing

$$7 \times 1 = 7$$

$$7 \times 1 = 7$$

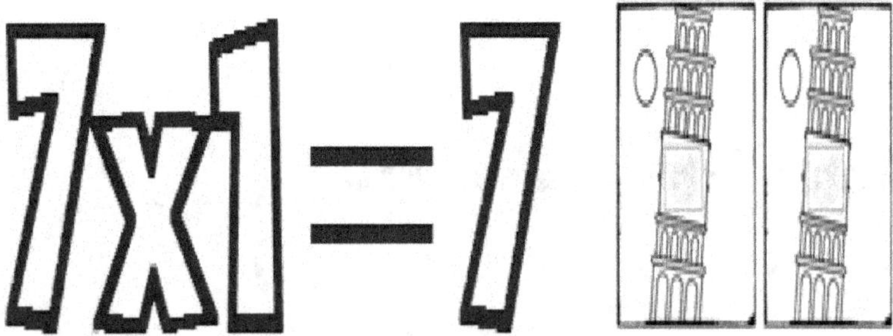

$$7 \times 1 = 7$$

7x1=

7x1=

7x1=

7x2=14

7x2=14

7x2=14

100 pages to learn to multiply enjoying and drawing

7 x 2 =

7 x 2 =

7 x 2 =

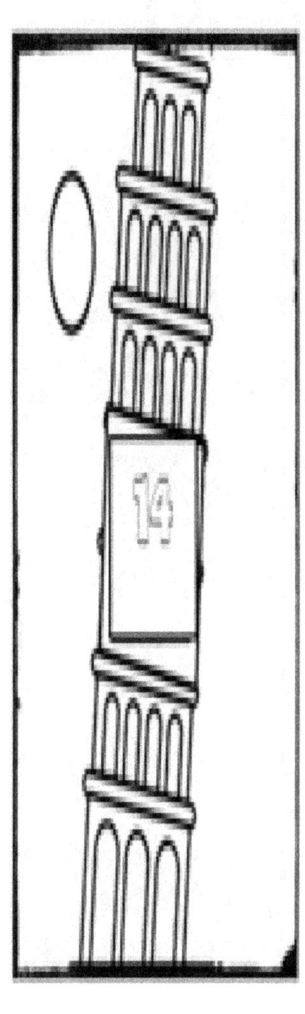

7x3 = 21

7x3 = 21

7x3 = 21

100 pages to learn to multiply enjoying and drawing

7 x 3 =

7 x 3 =

7 x 3 =

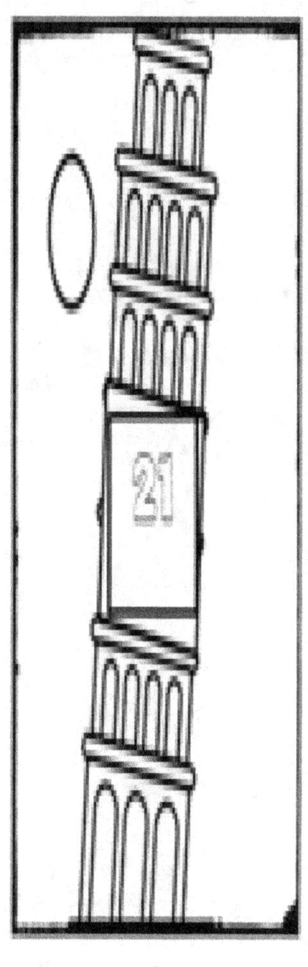

7x4=28

7x4=28

7x4=28

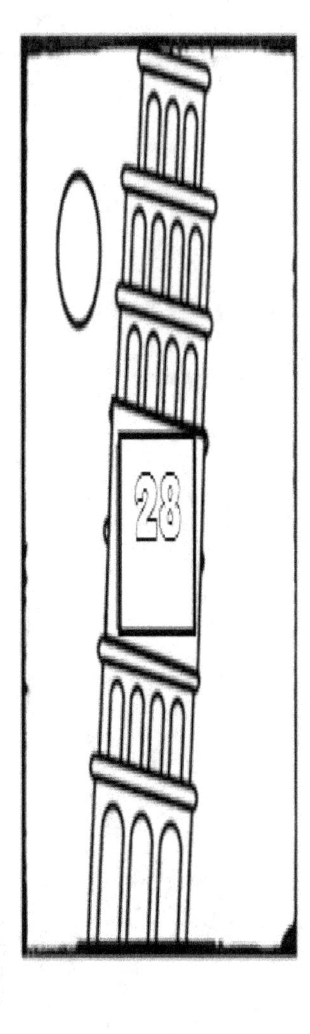

7x4=

7x4=

7x4=

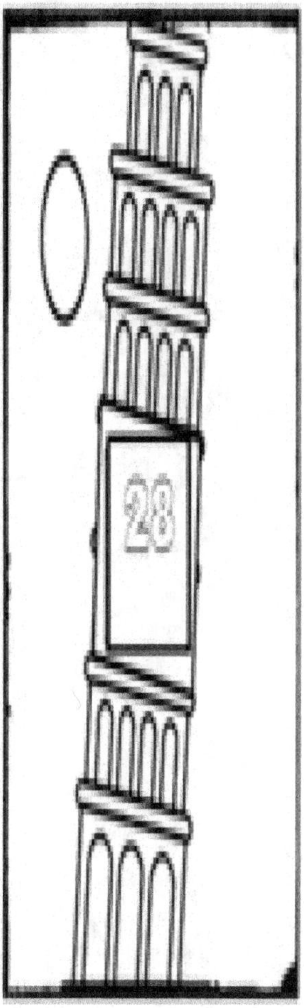

7x5=35

7x5=35

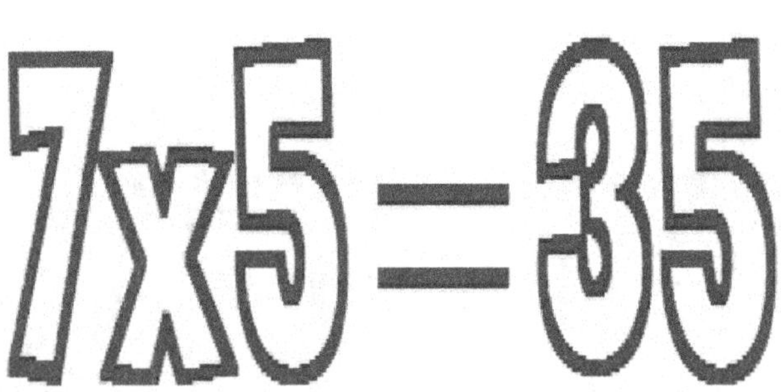

7x5=35

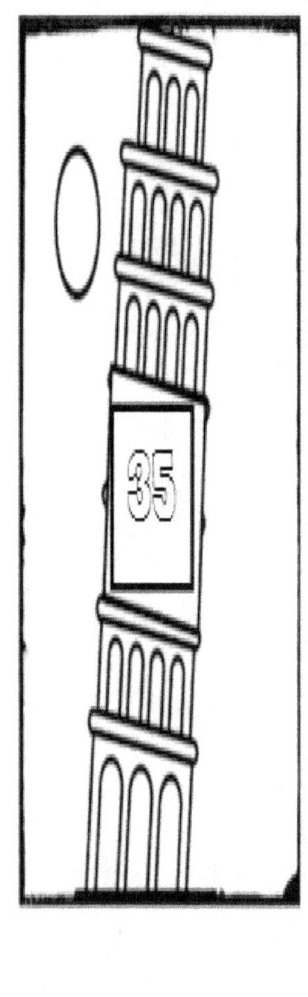

7x5 =

7x5 =

7x5 =

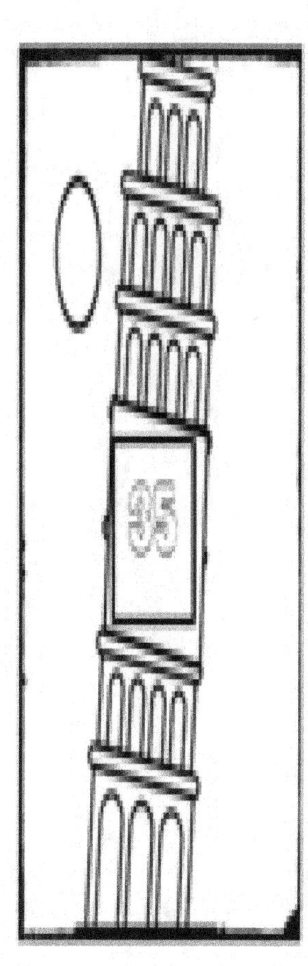

7 x 6 = 42

7 x 6 = 42

7 x 6 = 42

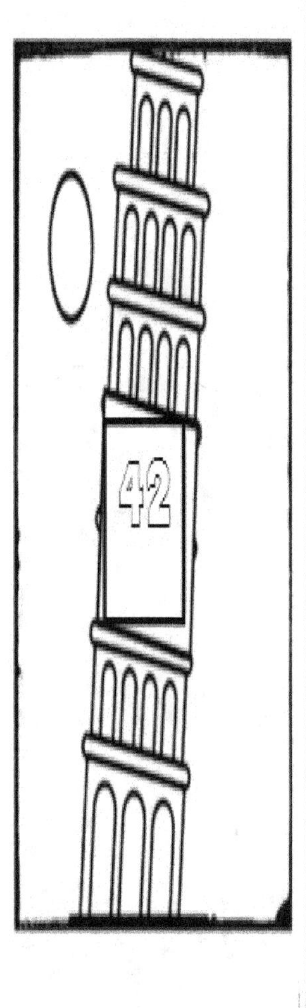

7 x 6 =

7 x 6 =

7 x 6 =

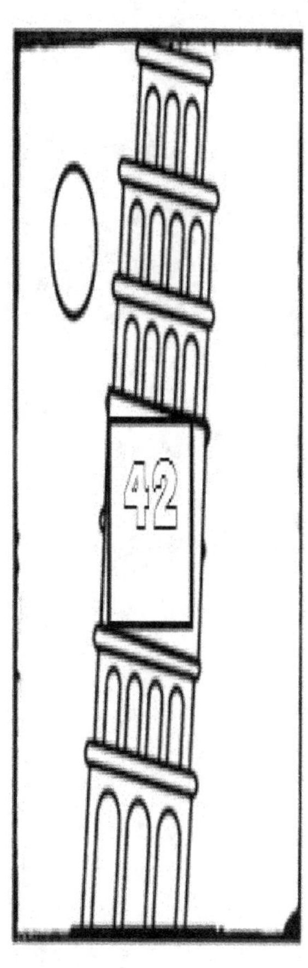

7 x 7 = 49

7 x 7 = 49

7 x 7 = 49

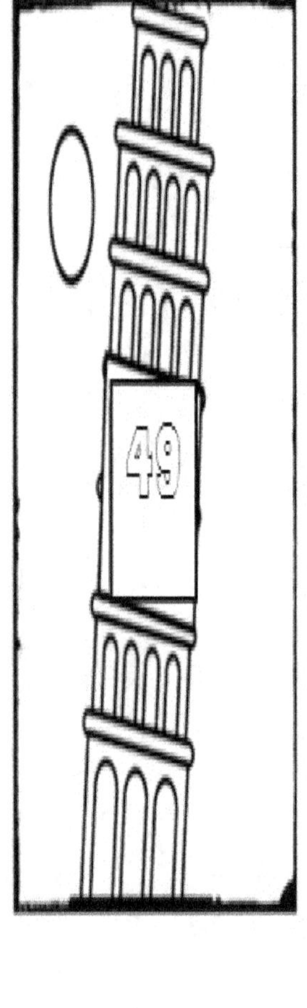

100 pages to learn to multiply enjoying and drawing

7 x 7 =

7 x 7 =

7 x 7 =

7x8=56

7x8=56

7x8=56

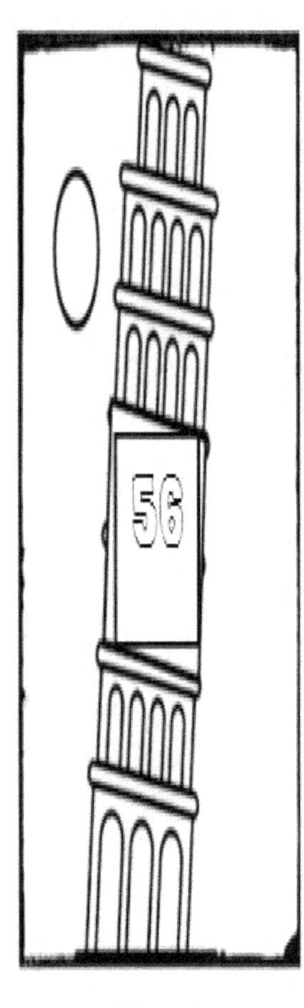

100 pages to learn to multiply enjoying and drawing

7x8 =

7x8 =

7x8 =

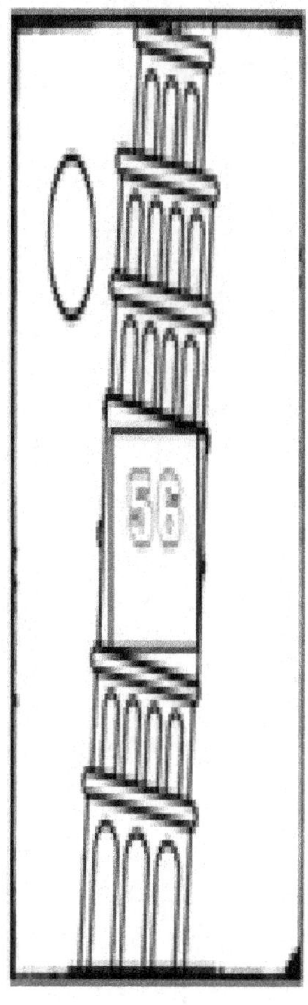

7 x 9 = 63

7 x 9 = 63

7 x 9 = 63

100 pages to learn to multiply enjoying and drawing

7x9 =

7x9 =

7x9 =

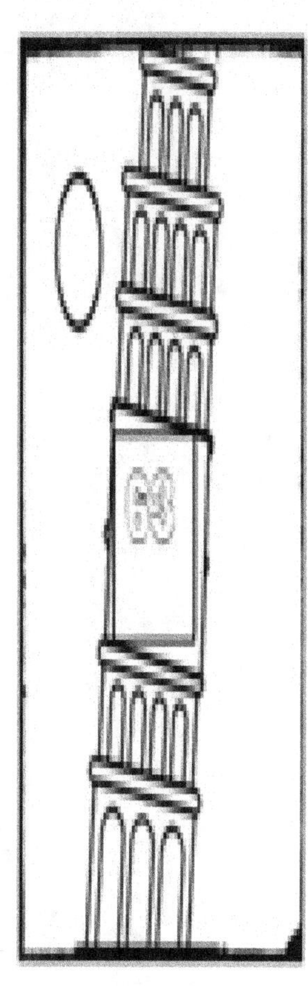

7x10 = 70

7x10 = 70

7x10 = 70

7x10 =

7x10 =

7x10 =

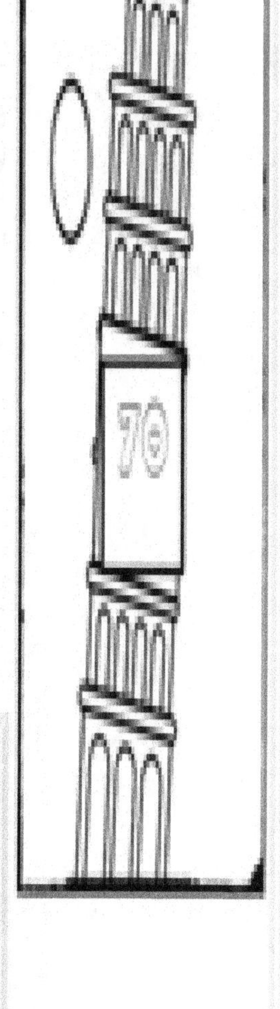

100 pages to learn to multiply enjoying and drawing

8 x 1 = 8

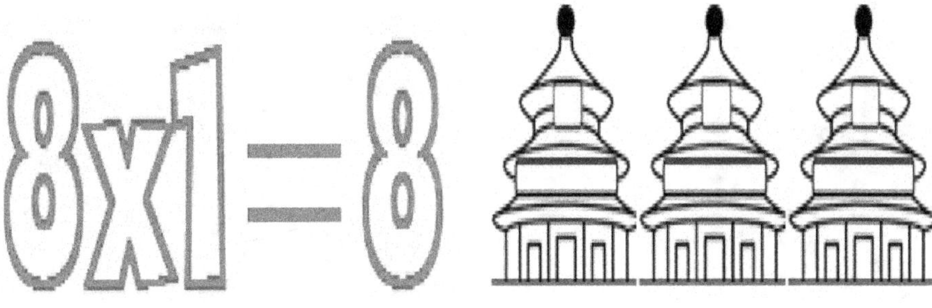

8 x 1 = 8

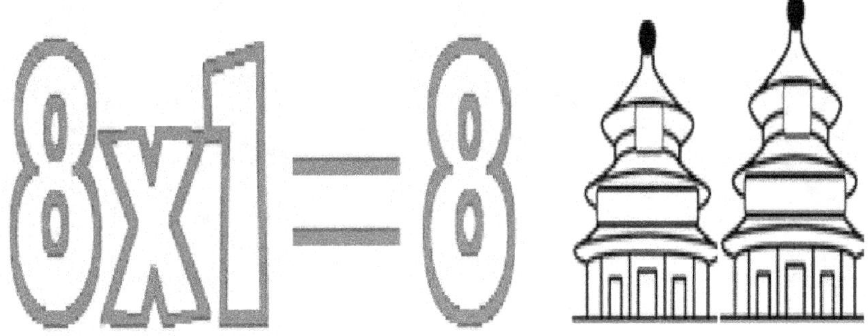

8 x 1 = 8

8x1 = 

8x1 = 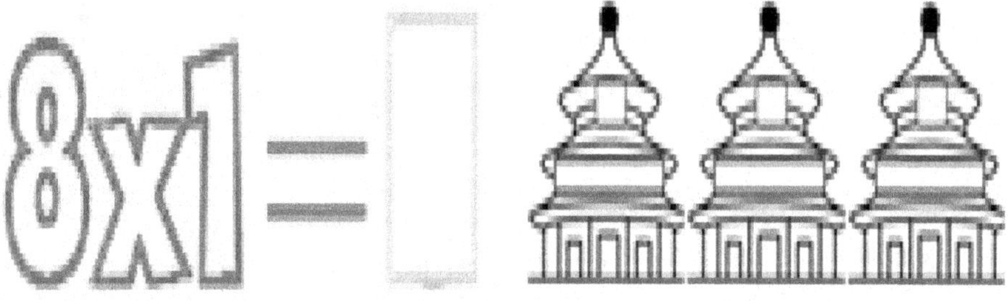

8x1 = 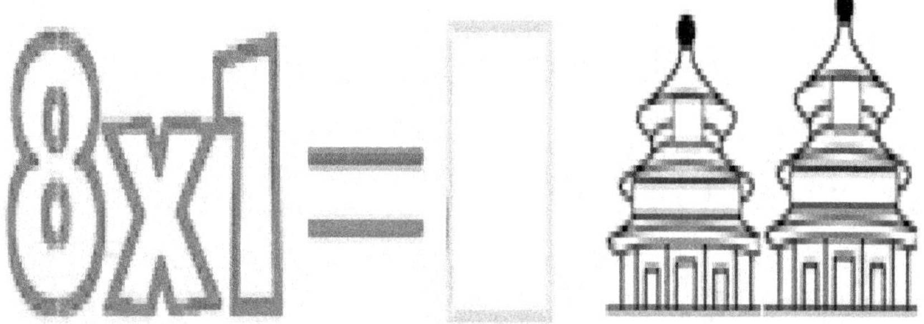

8x2=16

8x2=16

8x2=16

100 pages to learn to multiply enjoying and drawing

8x2 = 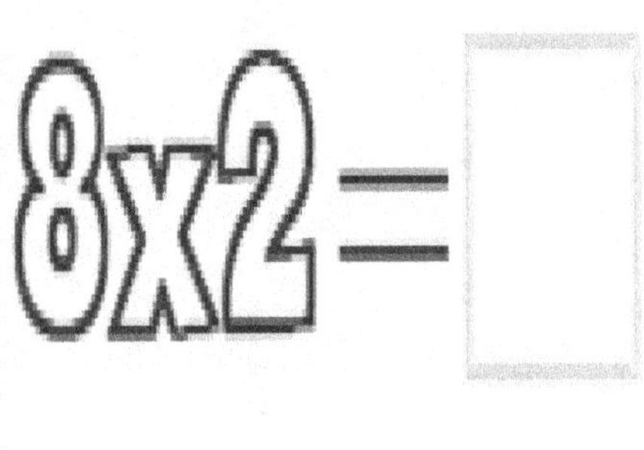

8x2 = 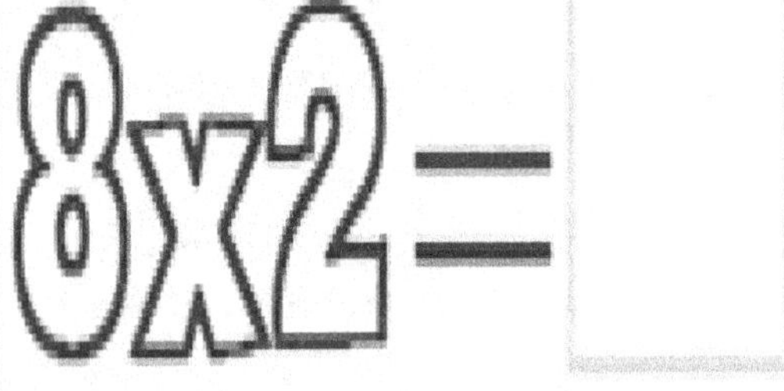

8x2 = 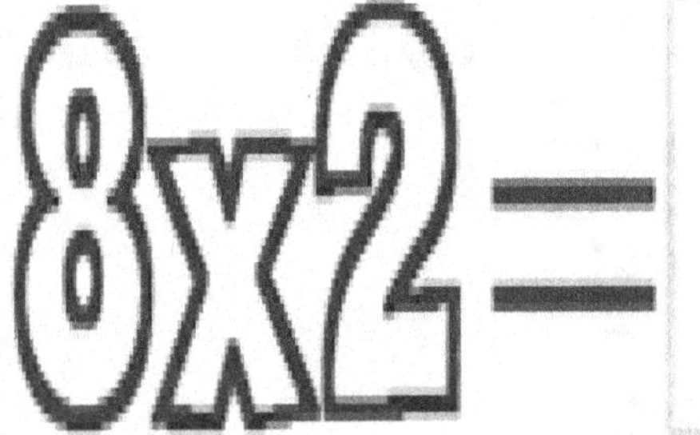

8x3=24

8x3=24

8x3=24

8x3 =

8x3 =

8x3 =

8x4=32

8x4=32

8x4=32

100 pages to learn to multiply enjoying and drawing

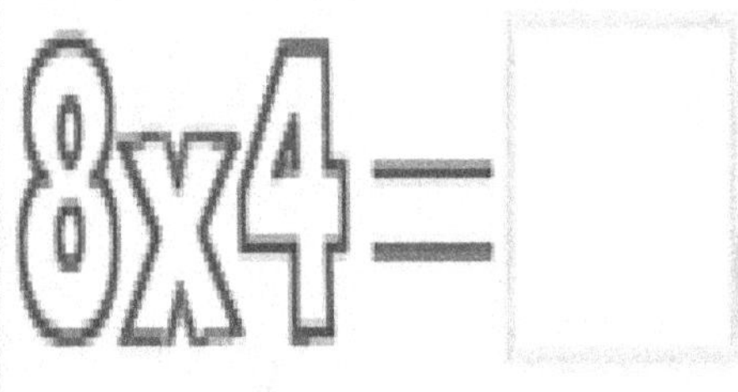

8x4 =

8x4 =

8x4 =

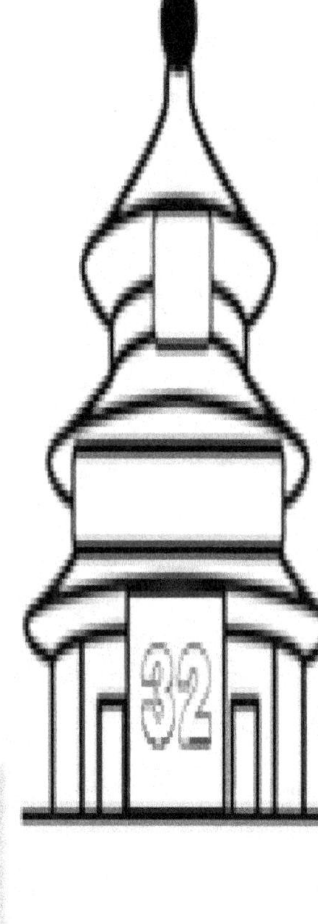

8x5=40

8x5=40

8x5=40

8 x 5 =

8 x 5 =

8 x 5 =

8x6=48

8x6=48

8x6=48

48

8 x 6 = ☐

8 x 6 = ☐

8 x 6 = ☐

48

8x7=56

8x7=56

8x7=56

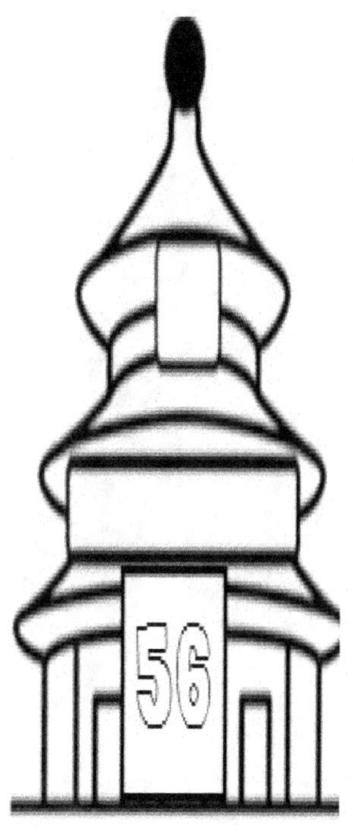

8 x 7 =

8 x 7 =

8 x 7 =

8x8 = 64

8x8 = 64

8x8 = 64

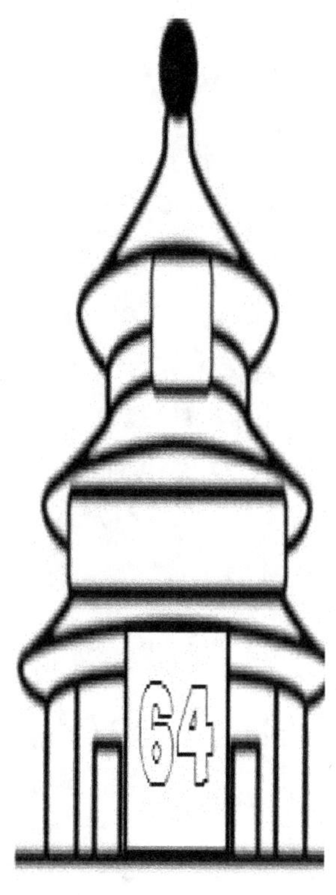

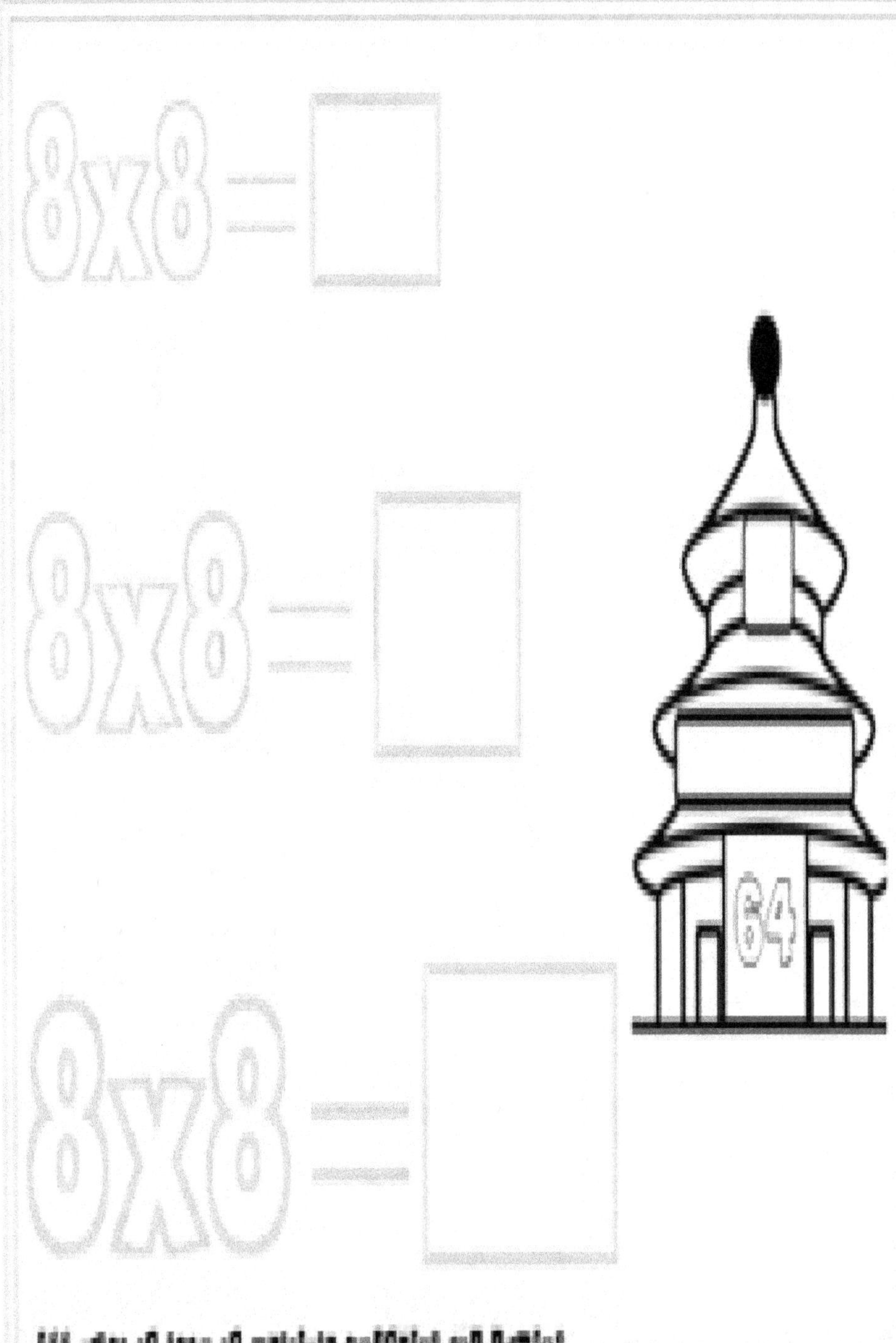

8x8 = ☐

8x8 = ☐

8x8 = ☐

8x9=72

8x9=72

8x9=72

100 pages to learn to multiply enjoying and drawing

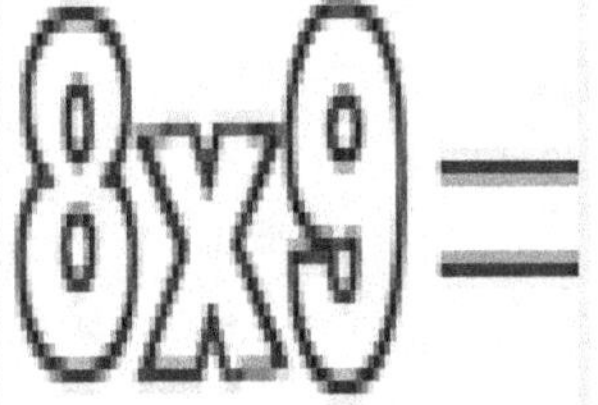

8x9 =

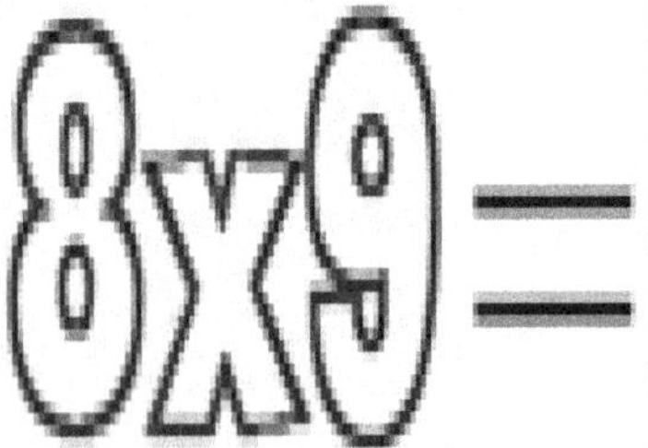

8x9 =

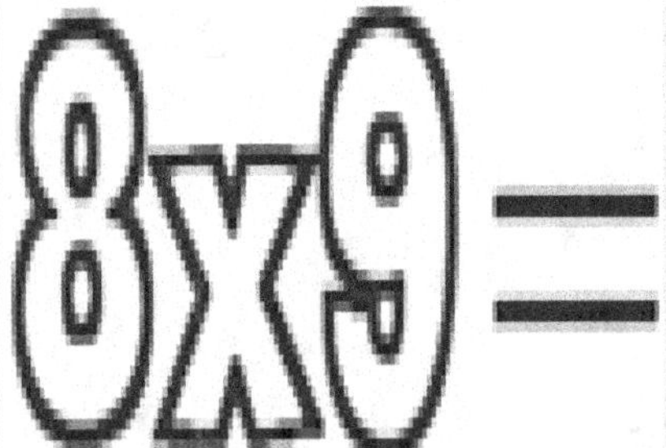

8x9 =

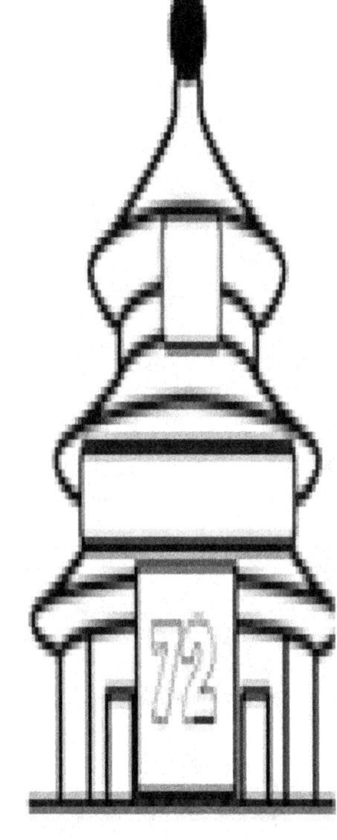

72

8x10=80

8x10=80

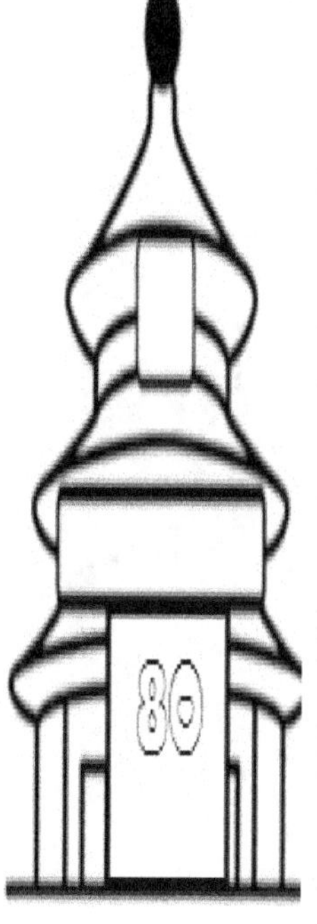

8x10=80

8x10 =

8x10 =

8x10 =

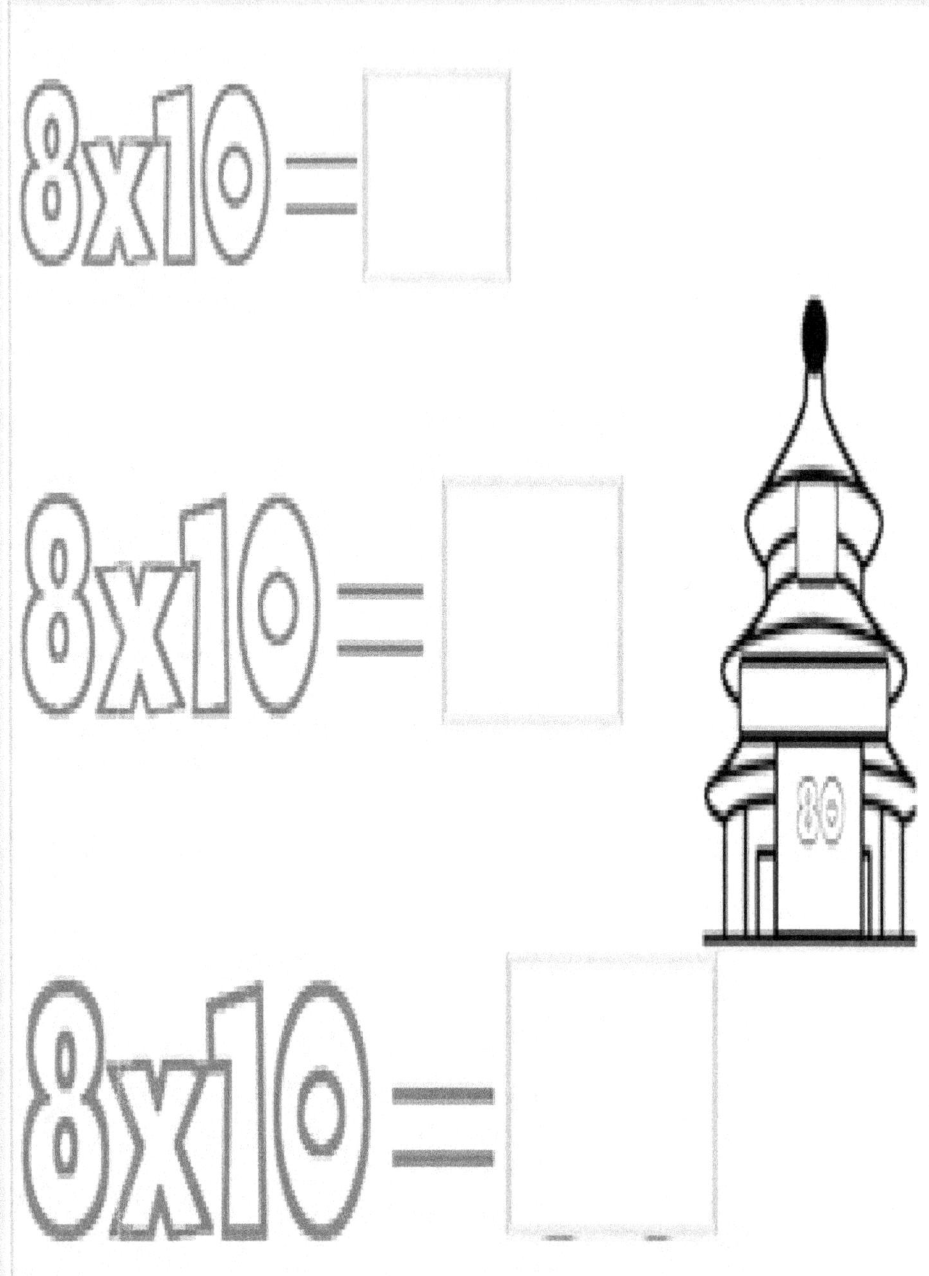

100 pages to learn to multiply enjoying and drawing

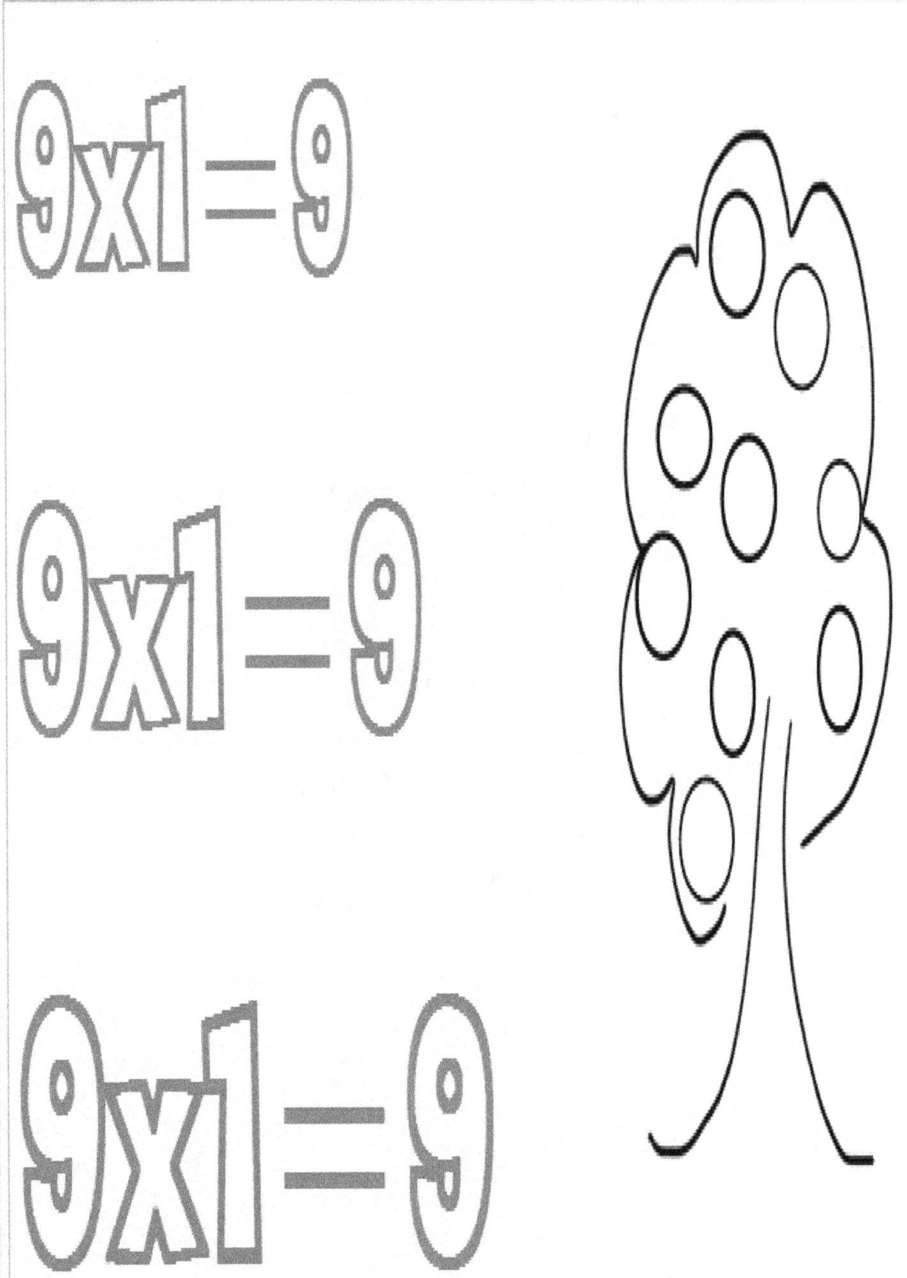

9x1=9
9x1=9
9x1=9

9 x 1 =

9 x 1 =

9 x 1 =

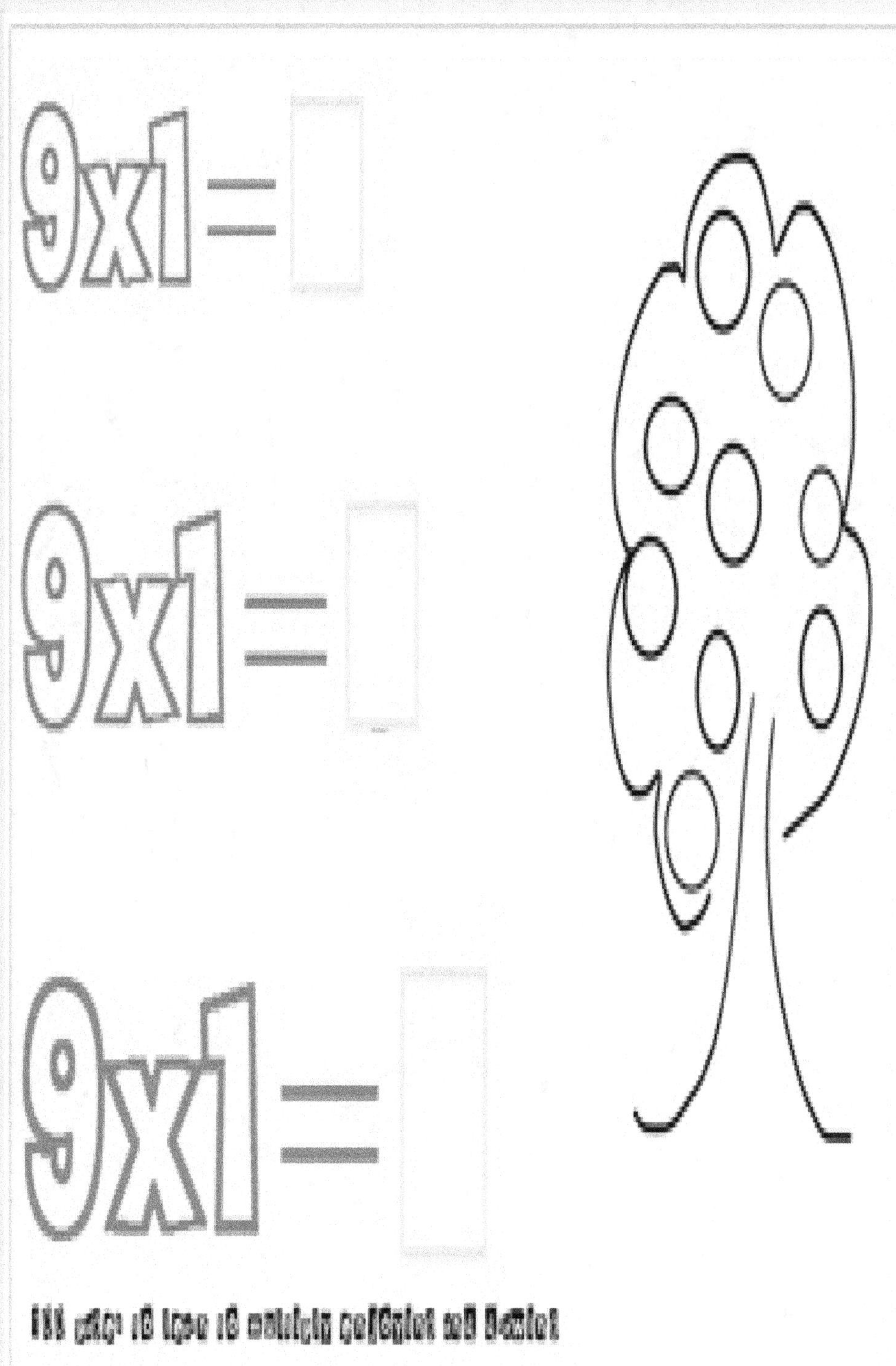

9x2=18

9x2=18

9x2=18

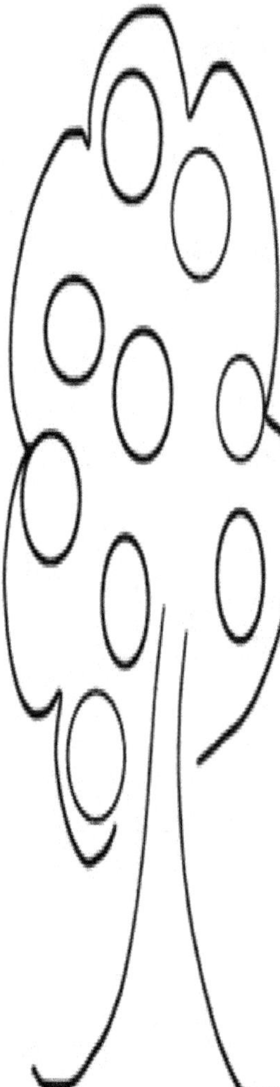

$9 \times 2 =$ ☐

$9 \times 2 =$ ☐

$9 \times 2 =$ ☐

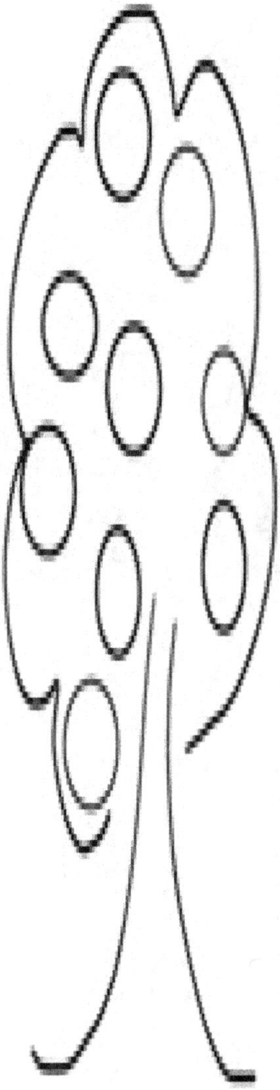

[illegible]

9x3=27

9x3=27

9x3=27

9 x 3 =

9 x 3 =

9 x 3 =

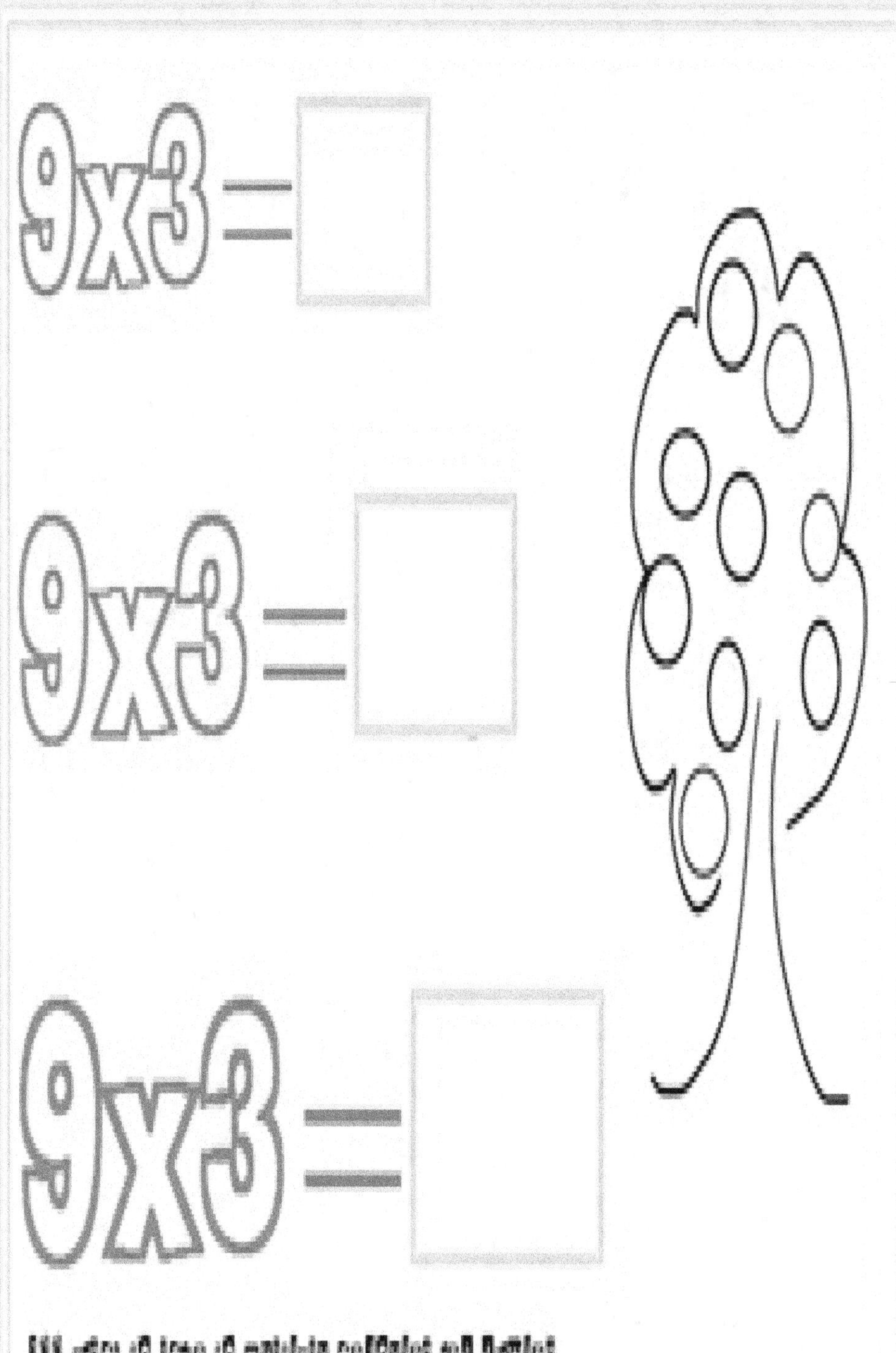

9x4=36

9x4=36

9x4=36

9x4 =

9x4 =

9x4 =

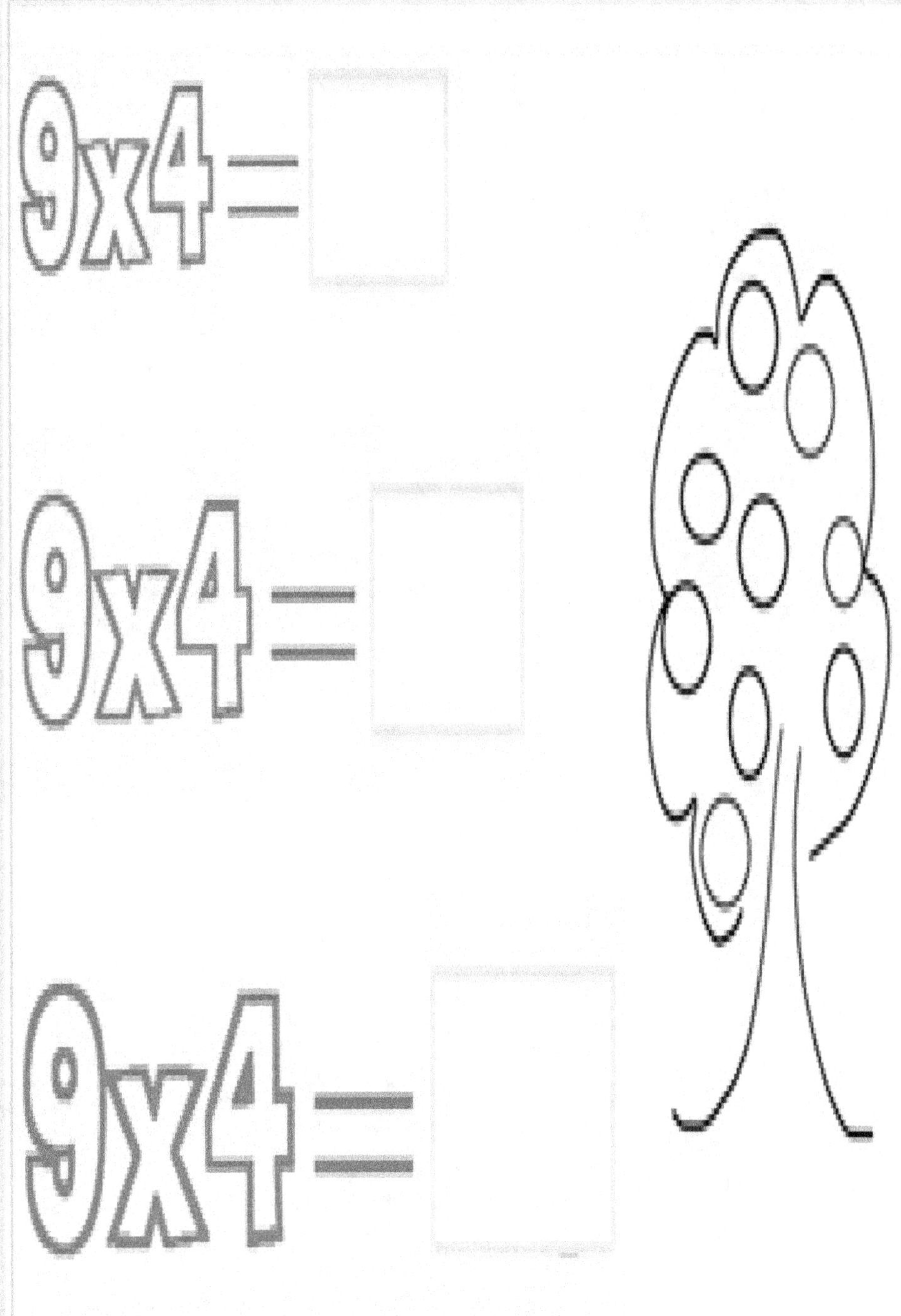

9x5=45

9x5=45

9x5=45

100 pages to learn to multiply enjoying and drawing

9x5 =

9x5 =

9x5 =

[illegible]

9x6=54

9x6=54

9x6=54

100 pages to learn to multiply enjoying and drawing

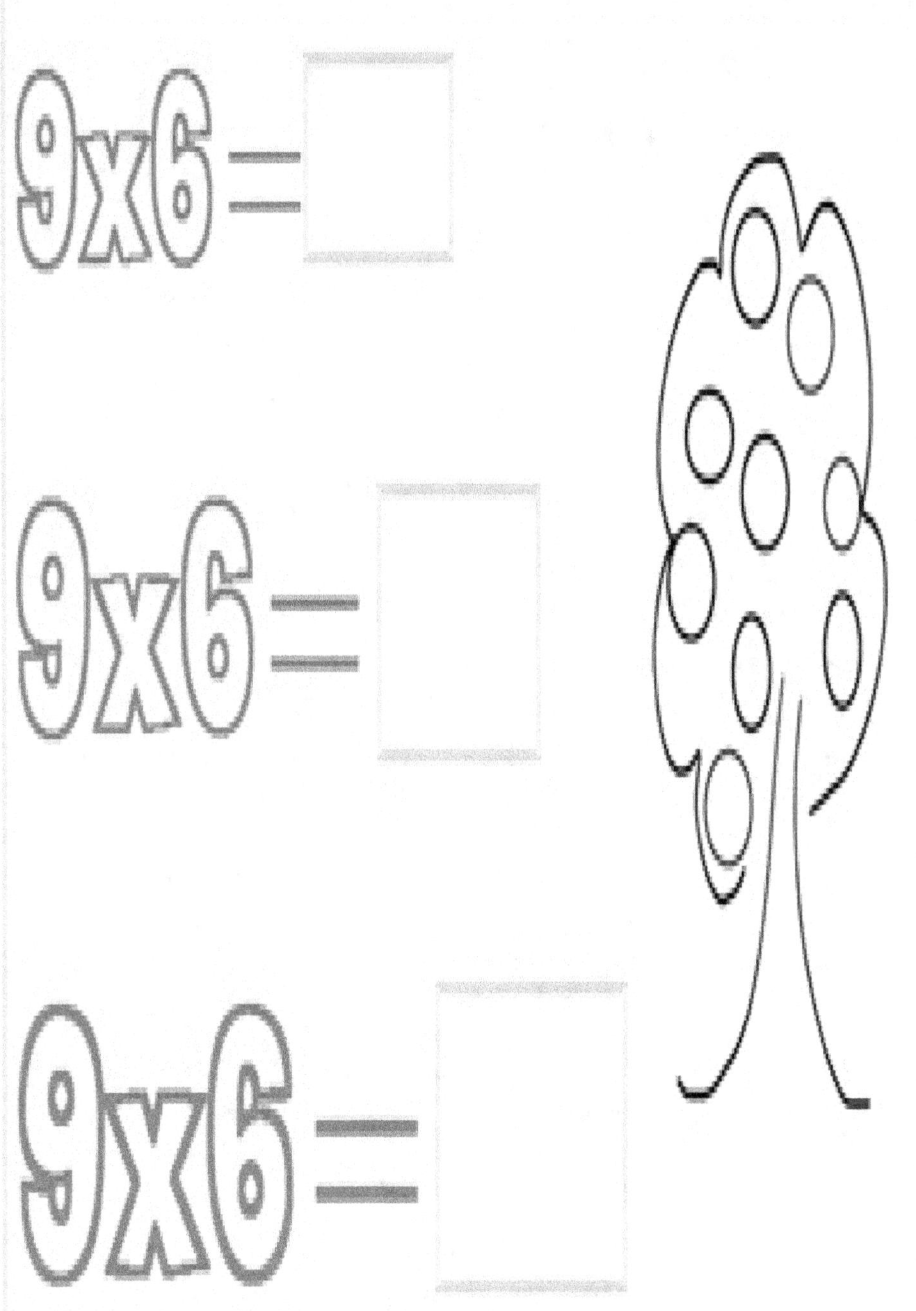

9 x 6 =
9 x 6 =
9 x 6 =

9 x 7 = 63

9 x 7 = 63

9 x 7 = 63

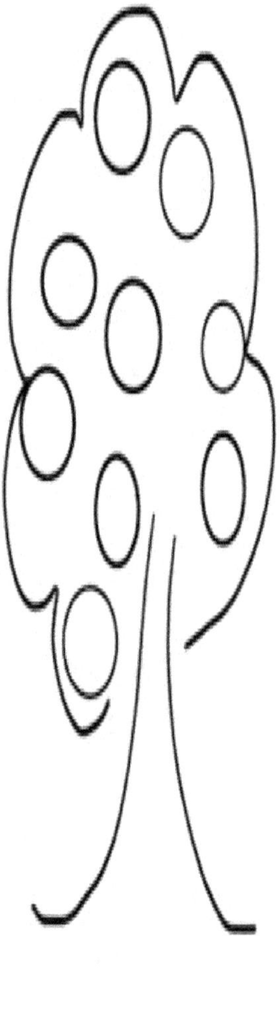

9 x 7 =

9 x 7 =

9 x 7 =

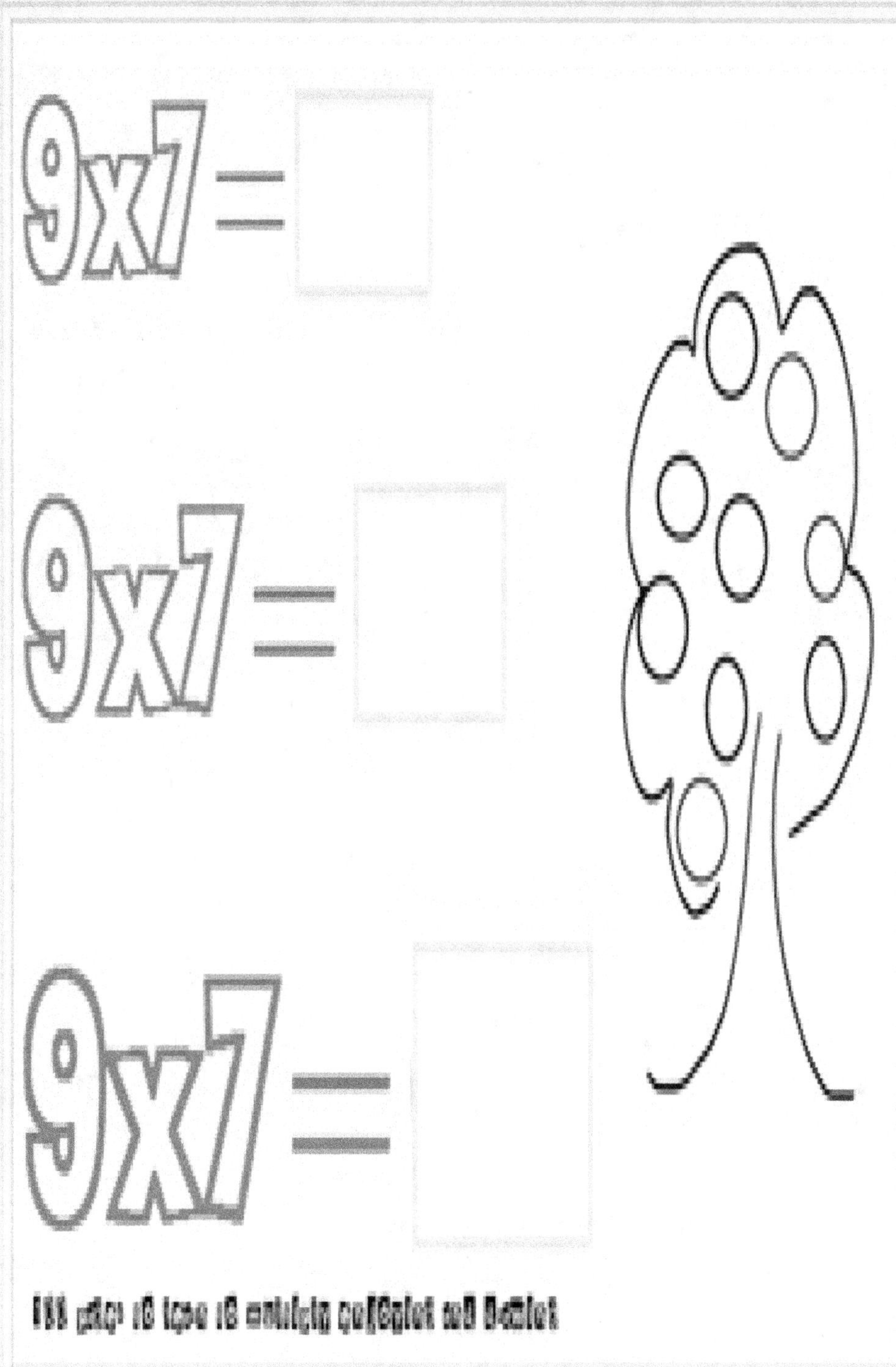

9 x 8 = 72

9 x 8 = 72

9 x 8 = 72

100 pages to learn to multiply enjoying and drawing

9 x 8 =

9 x 8 =

9 x 8 =

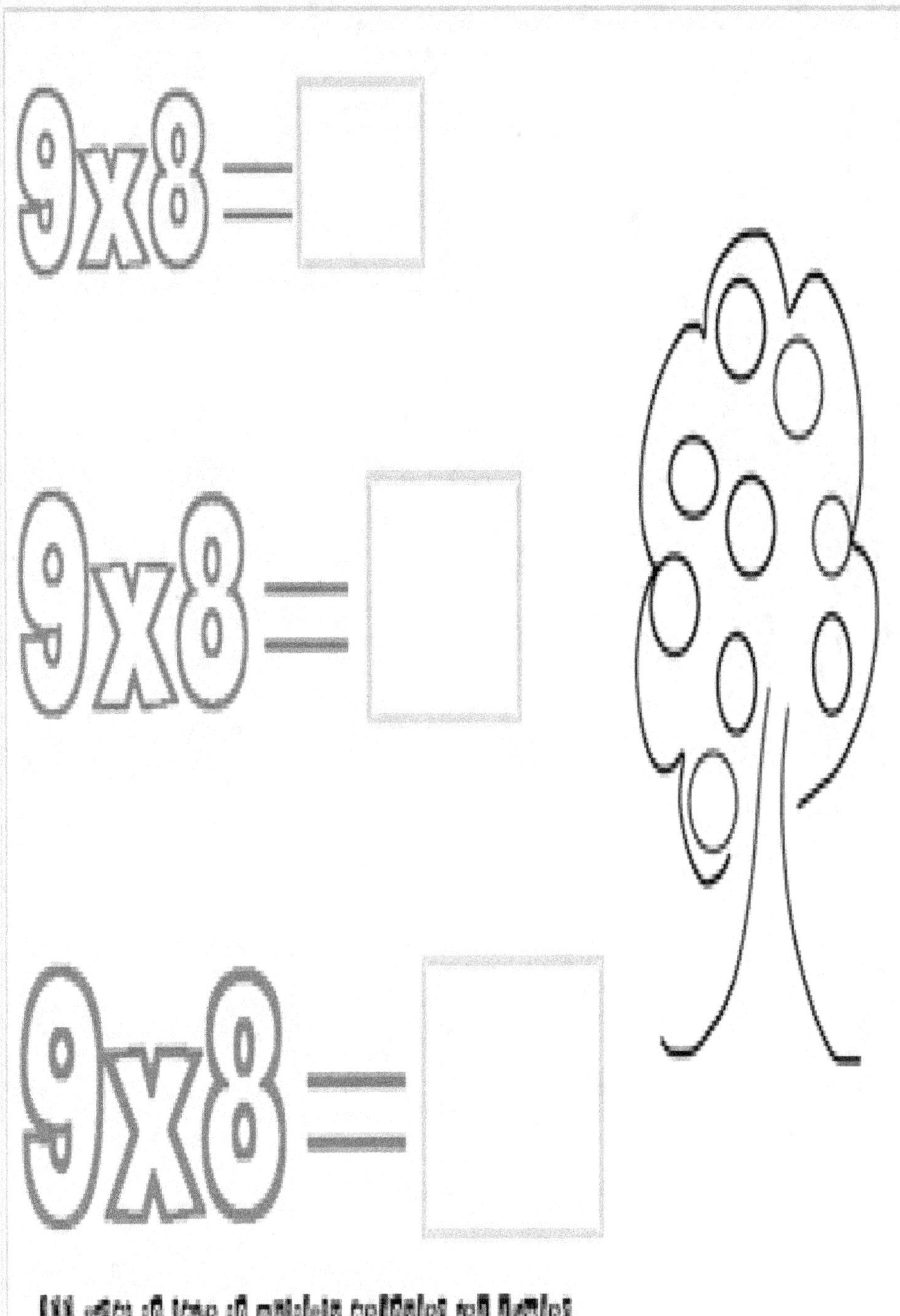

9 x 9 = 81

9 x 9 = 81

9 x 9 = 81

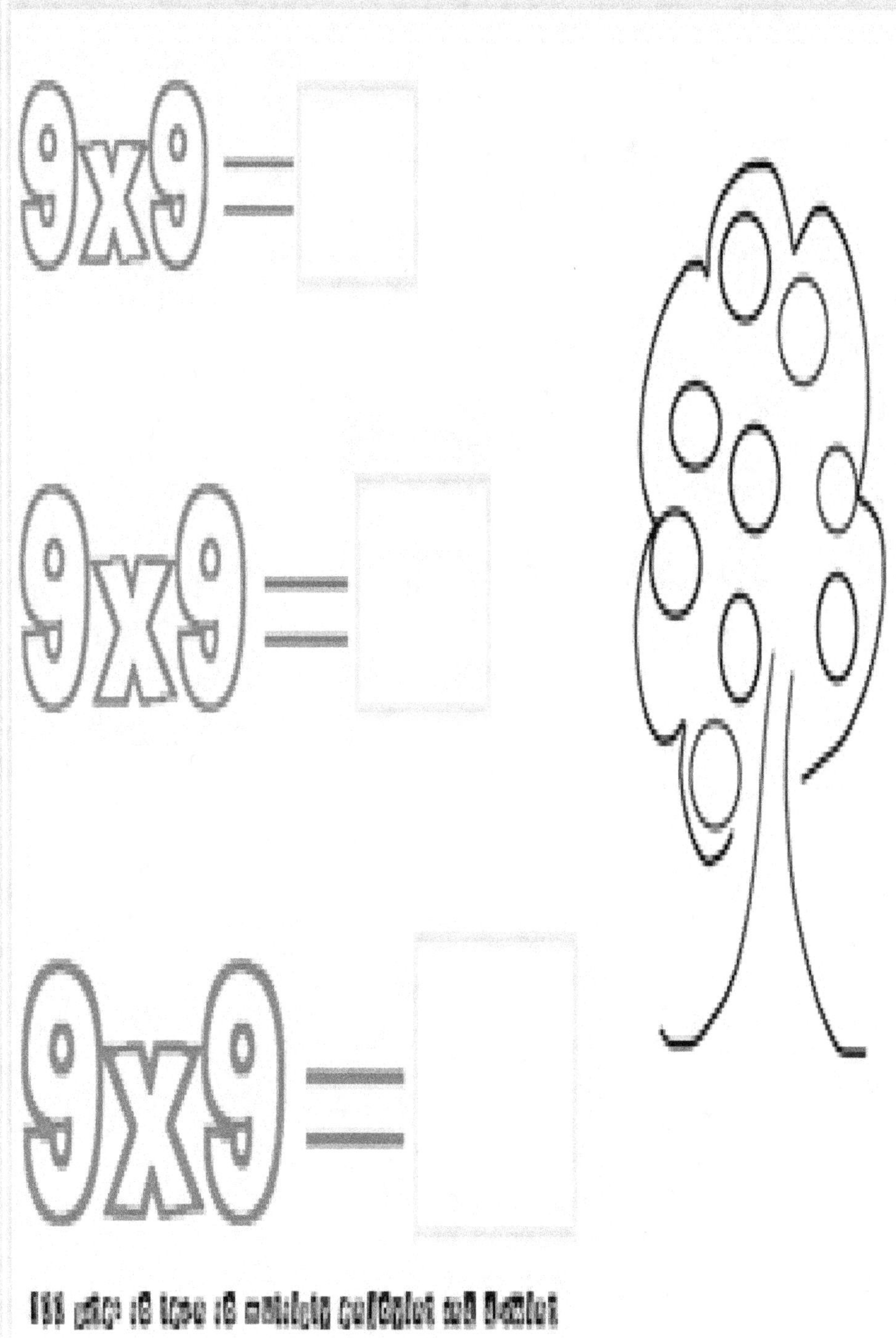

9 x 9 = ☐

9 x 9 = ☐

9 x 9 = ☐

9x10=90

9x10=90

9x10=90

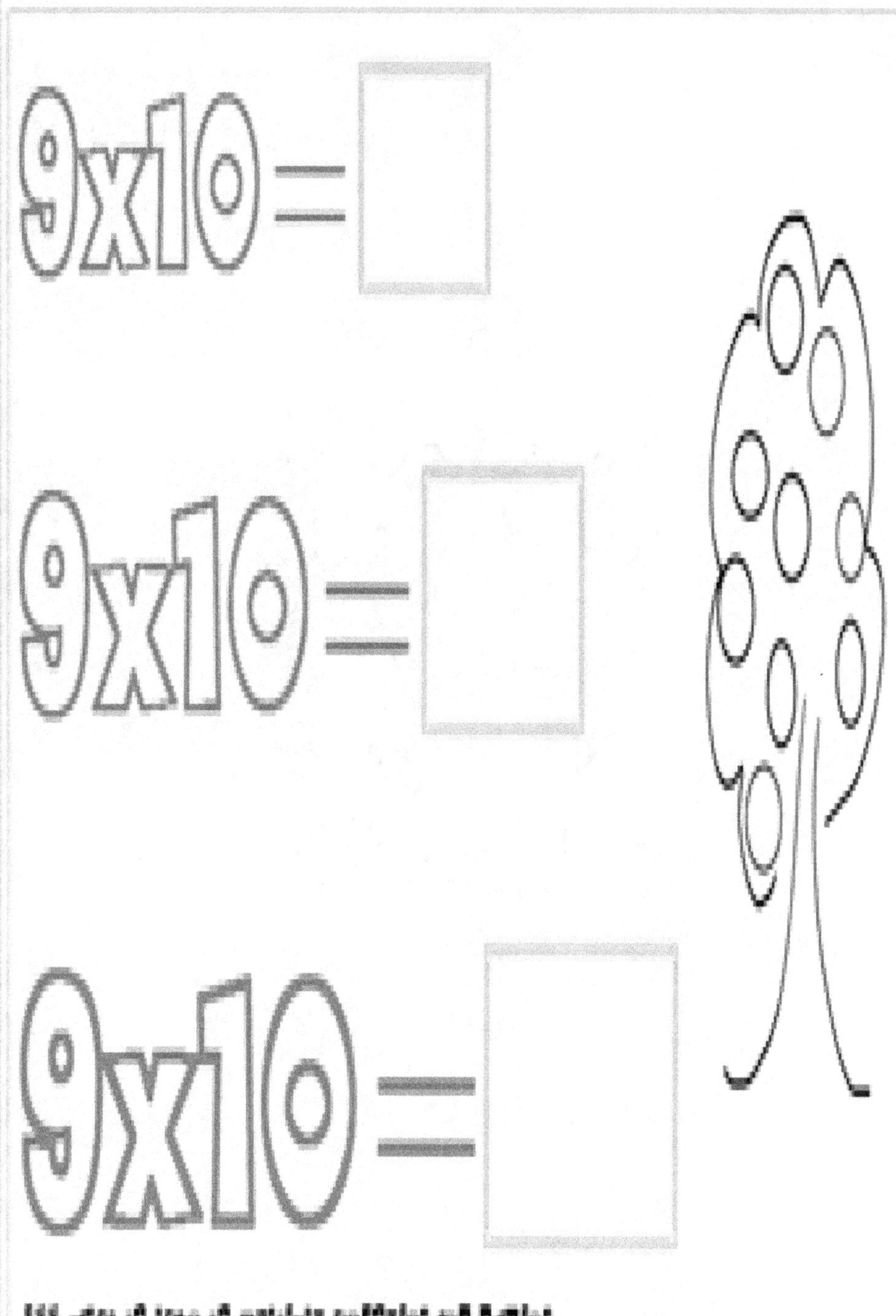

9x10 = ☐

9x10 = ☐

9x10 = ☐

100 pages to learn to multiply enjoying and drawing

10x1=10

10x1=10

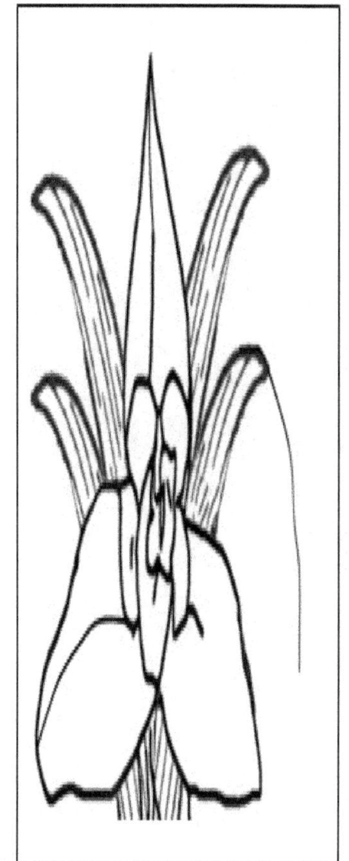

10x1=10

100 pages to learn to multiply enjoying and drawing

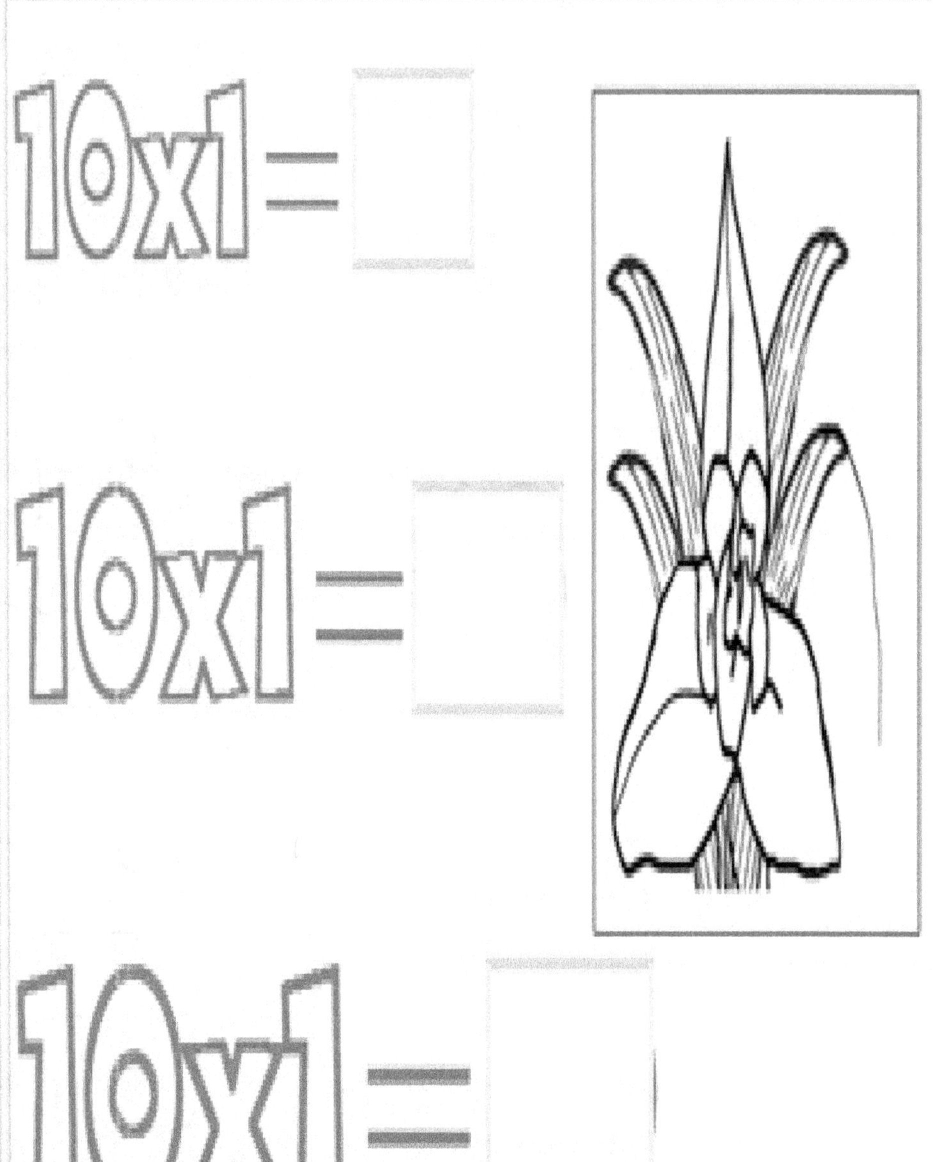

$$10 \times 1 =$$

$$10 \times 1 =$$

$$10 \times 1 =$$

10x2=20

10x2=20

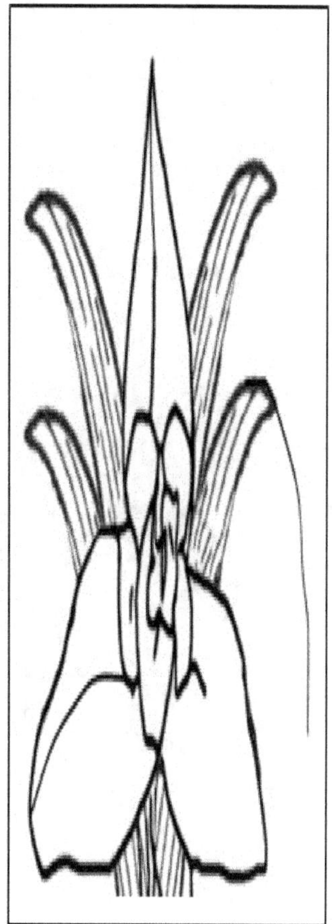

10x2=20

100 pages to learn to multiply enjoying and drawing

10x2=

10x2=

10x2=

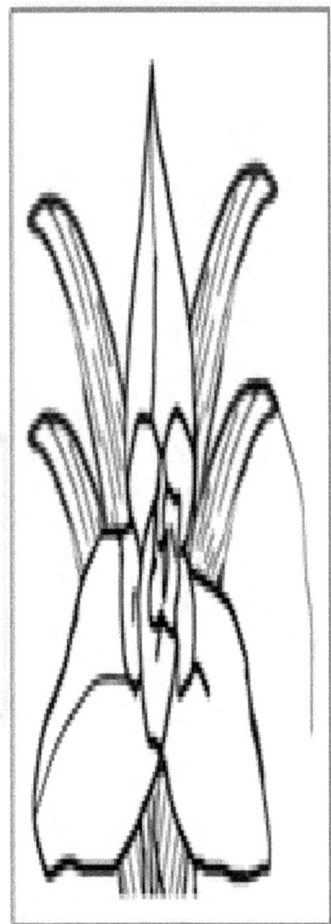

10x3 = 30

10x3 = 30

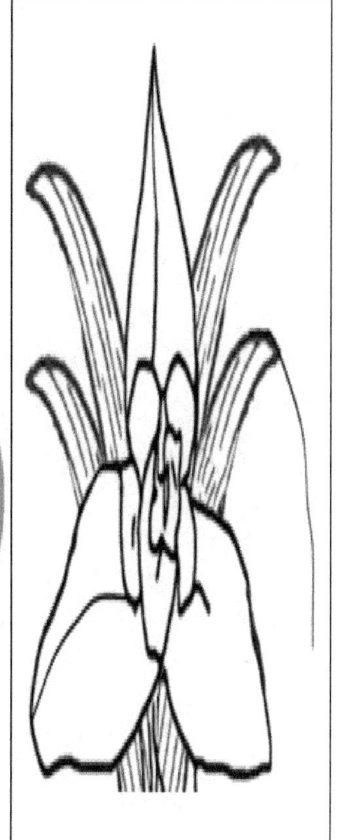

10x3 = 30

10x3 =

10x3 =

10x3 =

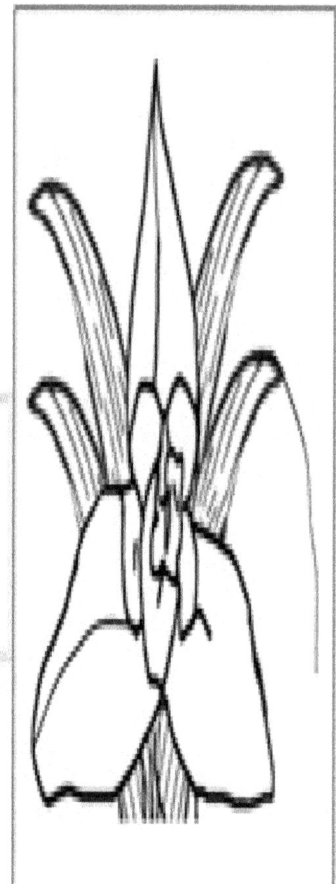

10x4=40

10x4=40

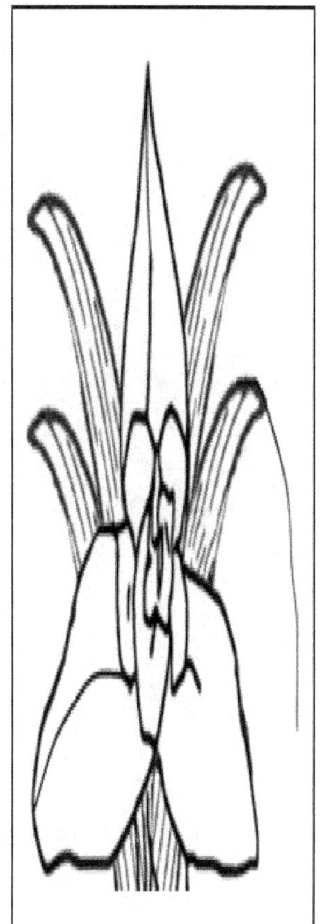

10x4=40

10x4 =

10x4 =

10x4 =

10x5=50

10x5=50

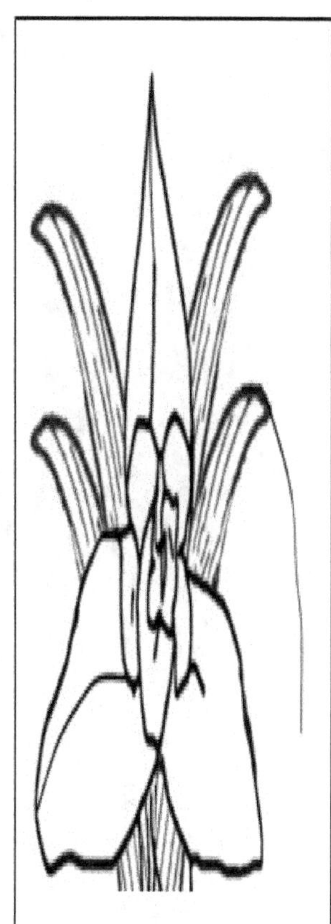

10x5=50

10x5 =

10x5 =

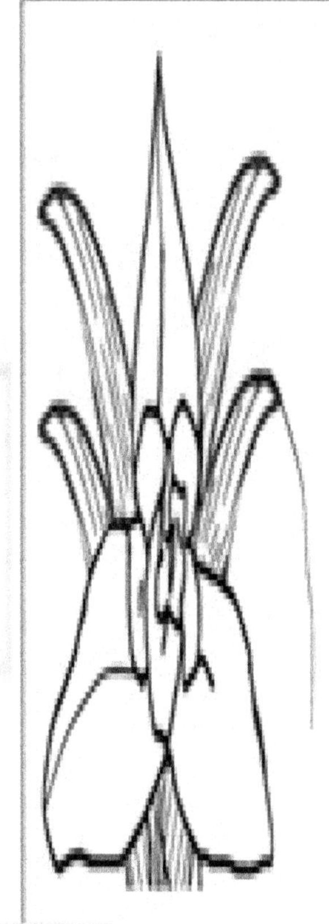

10x5 =

10x6=

10x6=

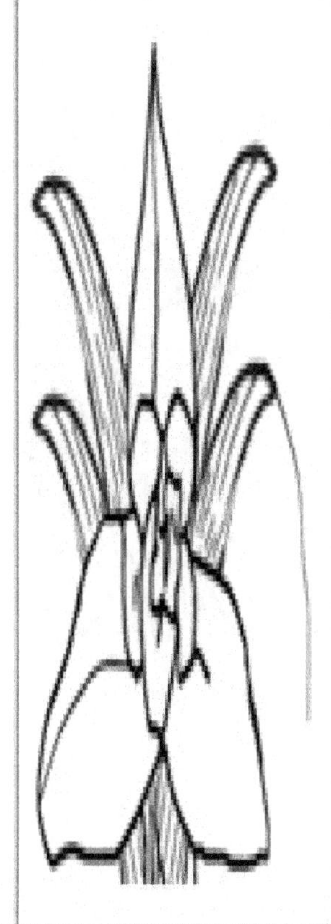

10x6=

10x7 = 70

10x7 = 70

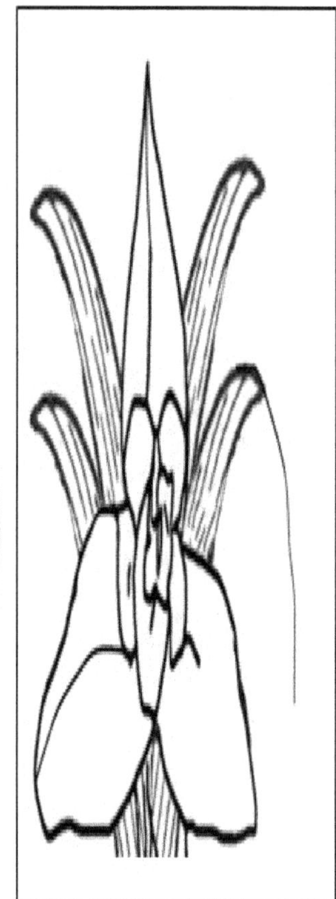

10x7 = 70

10x7 =

10x7 =

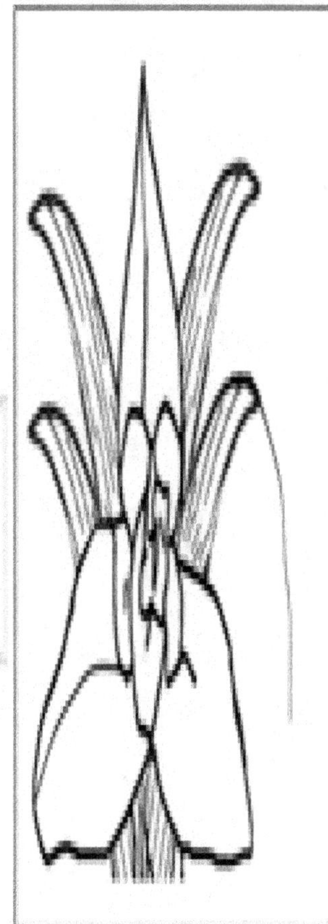

10x7 =

10x8 = 80

10x8 = 80

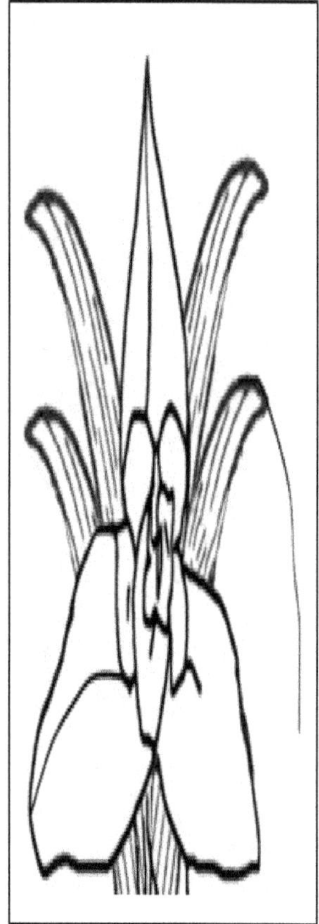

10x8 = 80

100 pages to learn to multiply enjoying and drawing

10x8 =

10x8 =

10x8 =

10x9 = 90

10x9 = 90

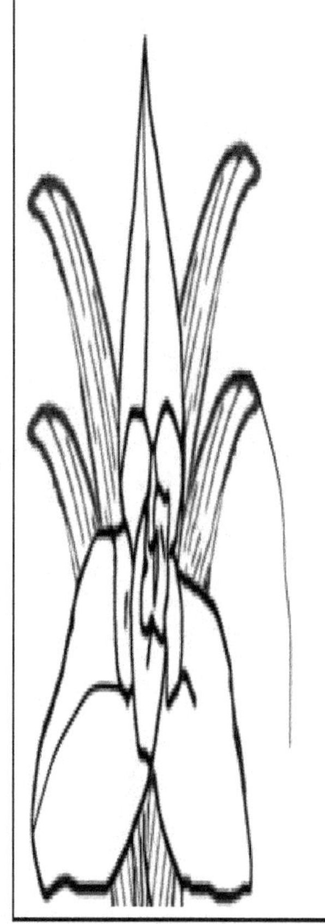

10x9 = 90

$$10 \times 9 =$$

$$10 \times 9 =$$

$$10 \times 9 =$$

[illegible]

10x10 = 100

10x10 = 100

10x10 = 100

100 pages to learn to multiply enjoying and drawing

10x10 =

10x10 =

10x10 =

Succès

www.ingramcontent.com/pod-product-compliance
Lightning Source LLC
Chambersburg PA
CBHW071411150726
48000CB00001B/271